E-Book inside

Mit dem Kauf dieses Buchs erhalten Sie das zugehörige E-Book gratis. Sie können dabei aus drei Dateiformaten wählen: EPUB (gängiges Format für E-Reader und Tablets), PDF (für PC und Laptop) oder MOBI (für den Amazon Kindle). So kommen Sie an Ihr kostenloses E-Book:

Rufen Sie im Internet diese Website auf:
↗ http://www.junfermann.de/ebook-inside

Geben Sie den unten stehenden Code in das dafür vorgesehene Feld ein und klicken Sie → Code einlösen. Nach Eingabe Ihrer E-Mail-Adresse und Auswahl des E-Book-Formats erhalten Sie sofort einen Download-Link für das gewünschte E-Book an Ihre E-Mail-Adresse.

Bitte beachten Sie, dass der Code für Sie personalisiert wird und nur einmal gültig ist. Die Datei müssen Sie zunächst auf Ihrem Computer speichern, bevor Sie sie auf ein mobiles Endgerät überspielen können.

W0363573

X67RN9LE

Tanja Peters

Schließ Frieden mit deinem Körper!

7 Prinzipien für mehr KörperMUT

www.junfermann.de

blogweise.junfermann.de

www.facebook.com/junfermann

twitter.com/junfermann

www.youtube.com/user/Junfermann

www.instagram.com/junfermannverlag

TANJA PETERS

SCHLIESS FRIEDEN MIT DEINEM KÖRPER!

7 PRINZIPIEN FÜR MEHR KÖRPERMUT

Mit einem Vorwort von Balian Buschbaum

Für noch mehr
JA! zu Dir.
♡ Tanja

Junfermann Verlag
Paderborn
2022

Copyright © Junfermann Verlag, Paderborn 2022
Lektorat Eva-Maria Prokop
Covergestaltung Junfermann Druck & Service GmbH & Co. KG, Paderborn

Satz & Layout Junfermann Druck & Service GmbH & Co. KG, Paderborn

Bibliografische Information der Deutschen Nationalbibliothek
Die Deutsche Nationalbibliothek verzeichnet diese Publikation in der Deutschen Nationalbibliografie; detaillierte bibliografische Daten sind im Internet über http://dnb.d-nb.de abrufbar.

ISBN 978-3-7495-0308-7

Dieses Buch erscheint parallel als E-Book
ISBN: 978-3-7495-0309-4 (EPUB), 978-3-7495-0311-7 (PDF), 978-3-7495-0310-0 (EPUB für Kindle).

FÜR DICH

Du bist wertvoll und wunderbar –

nur falls dir das heute noch keiner gesagt hat!

#körperMUT

Zu diesem Buch gibt es ergänzendes Material, das jeweils über QR-Codes zugänglich ist. In gesammelter Form findest du es aber auch unter:

↗ https://www.koerpermut.de

Inhalt

Zu dick? Zu alt?

Zu groß? Zu dünn?

Irgendwas ist doch immer!

Vorwort von Balian Buschbaum

Ich habe Freunde, die sich von einer Diät zur anderen schleppen, die sich Fett absaugen ließen und sich chirurgisch von Leberflecken und Schlupfliedern verabschiedeten. Manche meiner Freundinnen haben sich Brüste, Hintern, Nase und sogar ihre Füße verschönern lassen. Ich selbst kämpfte jahrelang gegen Details meines Körpers, die nicht zu mir gehörten, und für Körperteile, die ich vermisste. Ich liebe meine Freund*innen, ganz egal, wie sie aussehen. Doch was ist mit meiner Liebe zu mir, ihrer Liebe zu sich und deiner Liebe zu dir?

Unsere Körper sind bezaubernde Hüllen, in denen wir unser Sein, unsere Seele durch die Welt tragen, und sie sind schön. Ich habe noch nie einen Menschen gesehen, dem ich nichts Schönes ansehen konnte, und doch sehe ich in vielen die Verzweiflung, den Wunsch nach Veränderung. Wer entscheidet überhaupt darüber, was schön und was weniger ansehnlich ist? An was oder wen wollen wir uns anpassen? An Models, an die Werbeikonen in Print und Fernsehen oder an unser eigenes, vielleicht vergangenes Bild?

Nach Jahren der Arbeit in und an mir blicke ich heute in den Spiegel und denke ganz oft: „MEGA!" Und an anderen Tagen: „Etwas mehr Muskeln da, weniger Falten hier und die Geheimratsecken, na ja ...!" Jede*r für sich ist in der Verantwortung, sich um seinen Körper zu kümmern, denn wie Teresa von Avila schon sagte: „Tu deinem Körper etwas Gutes, damit deine Seele Lust hat, darin zu wohnen." Doch was geschieht, wenn wir nicht wissen, wie wir das tun sollen, oder falsche Wege einschlagen? „Infit statt Outfit" sagte einmal eine weise alte Dame zu mir und meinte damit, dass der Lack außen früher oder später abblättern wird. Jede Gesichts- und Hautfalte erzählt ein Detail deiner Lebensgeschichte. Das, was du innerlich aus dir gemacht hast, wird bleiben. Es ist natürlich, dass sich Körper verändern, verformen und dass wir altern. Vielleicht stecken wir auch in einem Kreislauf fest, in dem unser eigener

Wahrnehmungsschlamassel uns in Lagen bringt, die ausweglos erscheinen. Sofern du jemals an dir oder deinem Körper gezweifelt hast oder es nach wie vor tust, bist du hier genau richtig! Lies weiter, entdecke die Verstrickungen, stöbere deine negativen Konditionierungen und Glaubenssätze auf und befreie dich!

Ich weiß, dass es möglich ist. Ich lernte vor einigen Jahren eine Frau auf einem Kongress in der Schweiz kennen. Ich saß im Publikum, während sie ihren Vortrag hielt. Ich sah sie, nahm sie in ihrer schönen Fülle wahr, schloss die Augen und fühlte sie noch einmal ganz anders. Ich entdeckte ihre zarte, filigrane Seele. Ihr Name: Tanja Peters.

Tanja Peters ist mutig, Tanja Peters ist schlau. Tanja Peters ist schön. Nun ersetze ihren mit deinem Namen und lies noch einmal, und zwar LAUT!

Ich habe eine Vision, die ich gerne mit dir teilen möchte.

Ich wünsche mir eine Welt, in der nicht das äußere Auge bewertet, urteilt und entscheidet, ob ein Mensch, ein Körper schön, toll, begehrenswert oder eben nichts von all dem ist.

Ich wünsche mir eine Welt, in der wir das wahre Wesen und unsere Seelen fühlen und uns nicht von Äußerlichkeiten oder Hüllen ablenken lassen.

Ich wünsche mir eine Welt, in der Liebe regiert. Liebe zur eigenen Identität, zum eigenen Sein, dass wir mit Mut unserer eigenen Wahrheit folgen und uns nicht von den Stimmen der anderen verängstigen oder abbringen lassen.

Ich wünsche mir eine Welt, in der DU und ICH ein WIR ergeben, und wir so sein dürfen, wie wir sein wollen.

Schön!

Balian Buschbaum

Autor – Speaker – Coach

Es geht los!

In mir wohnt eine Elfe oder: Wie es zu diesem Buch kam

Ich bin dick. Gerne wäre ich schlank. Fast mein ganzes Leben lang beschäftigt mich dieses Thema schon. Meist habe ich die Lösung in der nächsten Diät gesucht. Leider hat dies das Problem vergrößert. Denn über die Jahre bin ich so immer dicker geworden.

Manchmal spüre ich, dass tief in mir drin eine Elfe wohnt. Ganz leichtfüßig springt und tanzt dieses zarte Wesen in mir, ich kann es fühlen. Doch von außen ist es nicht sichtbar.

Schon oft habe ich mir innerlich und manchmal auch laut und deutlich gesagt: Es reicht jetzt! Ich lasse dieses Thema los. Es kostet mich zu viel Kraft und Energie, mich dauernd damit zu beschäftigen. Ich nehme jetzt entweder ab oder ich höre auf, mir darüber Gedanken zu machen. Es gibt auch wirklich Schlimmeres, als dem gängigen Schönheitsideal nicht zu entsprechen.

Eine Zeit lang war dann auch mal Ruhe, entweder weil die aktuelle Stoffwechselkur gerade die Pfunde schmelzen ließ oder weil die Stimme in meinem Kopf wirklich mal für einen Moment die Klappe gehalten hat. Doch damit war es meist auch schnell wieder vorbei. Die Stimme ist wiedergekommen, die Pfunde nach der Diät auch.

Im Herbst 2019 war ich beruflich in der Schweiz. Ich hatte gerade vor 800 Menschen gesprochen, Applaus und Wertschätzung für meine Worte erhalten und machte mich zufrieden auf den Heimweg. Die Zürcher Innenstadt war an diesem Tag wegen zwei Demonstrationen komplett gesperrt, es herrschte Chaos und ich musste auf dem Weg zum Hauptbahnhof mit meinem Koffer einen kleinen Sprint einlegen, um meine Verbindung nach Köln zu erwischen.

Verschwitzt, mit hochrotem Kopf, aufgeregt, aber glücklich lasse ich mich im Regio auf einen Gangplatz fallen und krame nach meinem Ticket. Mein Koffer und meine Tasche stehen neben mir und ragen in den Gang, aber es ist relativ leer und so stört sich niemand daran – dachte ich. Dann steigen zwei Männer, groß, durchtrainiert und tätowiert, in die Bahn. Ich freue mich, denn sie sprechen amerikanisches Englisch. Da ich mal in Amerika gelebt habe, verstehe ich es gut und mag den Klang. Ich schaue hoch. Genau in diesem Moment blickt einer der beiden in meine Richtung und sagt ganz laut und deutlich zu seinem Kollegen: „Das ist ja klar, die Dicke blockiert vier Sitze. Fettes Stück Scheiße, man sollte ..."

Den Rest höre ich nicht mehr. Meine Ohren rauschen, mir bricht der Schweiß aus, ich schaue zu Boden. Ein vertrautes Gefühl flutet meinen gesamten Körper: Ich schäme mich. Ich schaue so lange es geht auf den Boden und tue dann so, als suchte ich etwas in meiner Tasche. Meine Hände zittern, mir fällt nicht ein, was ich noch tun könnte, also schaue aus dem Fenster, mein Gesicht brennt. Ich höre das Stimmenkonzert in meinem Kopf: Wieso sagen die sowas? Haben das alle gehört? Kann ich gleich überhaupt aufstehen und aussteigen? Funktionieren meine Beine noch? Wie komme ich an denen vorbei, ohne noch einen solchen Spruch zu kassieren?

Und eine andere, ganz zarte Stimme sagt: Haben die vielleicht recht, bin ich weniger wertvoll, weil ich so dick bin?

Ich fahre nach Hause, vier Stunden im Zug. Die Zeit und die schlechten Gedanken vertreibe ich mir mit Arbeit. Zwischendurch meldet sich die Scham zurück. Ich arbeite darüber hinweg. Daheim angekommen entscheide ich, es niemandem zu erzählen. Dann kann ich so tun, als sei es nie passiert, und die Erinnerung verschwindet hoffentlich irgendwann.

Dann denke ich daran, welche Botschaft ich in die Welt bringen will. Ich lese in meinem eigenen Buch „Mutmuskeltraining" noch mal das Kapitel über Scham und Verletzlichkeit. Und ich weiß, die einzige Chance, die ich habe, dieses Ereignis in Wachstum und Heilung zu verwandeln, ist, den MUT zu finden, darüber zu sprechen und mich damit zu zeigen: Mit meiner Scham, mit meiner Verletzung, mit meinen Zweifeln – ob ich so sein darf, wie ich bin oder ob die Männer in der Bahn vielleicht doch recht hatten.

Zuerst erzähle ich die Geschichte meinem Mann und lasse mich in den Arm nehmen. Ich fühle mich nicht mehr ganz so schrecklich und eine Stimme in mir sagt: Schau, du wirst doch geliebt!

Am nächsten Tag spreche ich dieses Erlebnis meiner Freundin Eva und meiner Schwester Tina als Sprachnachricht auf. Ich merke, auch das tut mir gut. Beide schimpfen auf die Männer, versichern mir, dass ich eine tolle Frau und auch mit meiner Fülle schön und wertvoll bin, ganz zu schweigen von meiner tollen Ausstrahlung. So langsam richte ich mich auf – innerlich wie äußerlich – und kann auch wieder andere Dinge an mir wahrnehmen als mein Übergewicht. Dinge, die ich gut und schön finde an mir.

Eine Woche später erzähle ich mein Erlebnis öffentlich auf dem Familienwochenende des Alopecia Areata Vereins[1] Deutschland. Ich sollte einen Gesprächskreis von Eltern betroffener Kinder moderieren, es war eine große Gruppe von etwa 100 Menschen. Um in so einem Rahmen Austausch anzuregen, braucht es ein gutes Intro, das den Raum dafür eröffnet. Ziemlich spontan entscheide ich mich, mein Erlebnis aus der Bahn dafür zu nutzen. Denn meine Emotionen sind noch frisch und ich möchte ein Statement setzen in diesem Raum. Und eigentlich nicht nur dort. Ich möchte der ganzen Welt erzählen, wovon ich fest überzeugt bin. Deshalb hältst du heute dieses Buch in Händen, denn ich möchte, dass möglichst viele Menschen wissen, verstehen und leben:

---

1 Alopecia Areata = Kreisrunder Haarausfall. Durch diese Erkrankung habe ich im Jahr 2009/2010 meine kompletten Haare verloren.

- Scham überlebt nur im Dunkeln. Die beste Möglichkeit, mit Scham umzugehen ist, sich ehrlich und offen mit ihr zu zeigen.
- Jeder Mensch und jeder Körper hat das Recht darauf, geliebt zu werden. Diese Liebe sollte nie die Bedingung haben, dass der Körper eine gewisse Form oder Funktion hat.
- Ohne unsere eigene Liebe und Annahme machen wir uns das Leben sehr schwer. Denn auch wenn wir im Außen oft hören, dass wir gut und richtig sind: Wenn wir es nicht selbst fühlen können, werden wir immer Mühe haben, es wirklich zu glauben.
- Die größte Kraftquelle für ein glückliches Leben ist, voll und ganz *JA!* zu uns zu sagen, unabhängig von Leistung, Aussehen, Krankheit oder Behinderung, eben genau so, wie wir sind.
- Jeder Mensch ist anders und einzigartig, und das ist gut so.
- Auch wenn wir es uns wünschen, wir haben kein Anrecht darauf, unversehrt, gesund und schön zu sein. Wenn wir es sind, ist das wunderbar. Wenn wir es nicht sind, sind wir genauso wertvoll und richtig.

Ich weiß das alles. Trotzdem haben die beiden Männer mich schmerzlich daran erinnert, dass ich es manchmal noch nicht in aller Konsequenz fühlen und leben kann. Nicht auf allen Ebenen und nicht immer. Dass ich schnell rausfalle aus dem Gefühl, in Ordnung zu sein. Dass ich zwar andere Menschen im Coaching und im Training anleiten und ihnen helfen kann, ihren Selbstwert zu stärken und sich anzunehmen, aber ich selbst noch ein Stück des Weges vor mir habe.

Deshalb bin ich noch mal losgegangen, um auch für mich endlich den vollen KörperMUT zu finden und ganz und gar zu mir zu stehen. Sollte ich jemals wieder in eine solche Situation kommen, dann wäre mein großer Wunsch, aus voller Überzeugung und tiefstem Herzen den folgenden Satz aussprechen zu können: ***Deine Meinung zu meinem Körper ist für mein Leben nicht relevant.***

Mit großer Klarheit. Ohne Verletzung. Ohne Scham. Aus Liebe zu mir und meinem Körper. Das wäre für mich das Größte und ich bin mir sicher, es ist möglich: mit der klaren Entscheidung für diesen Weg und dem MUT, hinzuschauen, wie ich mich ganz und gar lieben kann und wo ich es noch nicht tue.

Dabei rausgekommen ist dieses Buch mit

- Geschichten von interessanten Persönlichkeiten, die bereits echten KörperMUT bewiesen haben,
- Interviews und Inspirationen, wie auch du diesen MUT finden kannst,
- Impulsen und hilfreichen Tipps für dein Training,
- den 7 Prinzipien für mehr KörperMUT,
- den besten Übungen für mehr Annahme und Selbstliebe.

Bist du dabei? Willst auch du dich mit all deinen Narben, Defiziten und Begrenzungen, die wir nun mal alle haben, mit deinen Schönheitsmakeln, mit Fett, Dellen und Streifen, mit Veränderungen durch die Geburt eines Kindes, einen Unfall oder eine Krankheit annehmen und lieben lernen?

Dann lass dich inspirieren und anleiten, jetzt für dich und deinen Körper zu gehen. Lass dich motivieren und berühren von den unterschiedlichen Herausforderungen und Schicksalen, die du in diesem Buch kennenlernen wirst. Richte dich zu deiner vollen Größe auf und gehe jetzt den ersten Schritt in ein Leben ohne Scham und Abwertung. Ich bleibe ein Stück an deiner Seite, denn zu zweit ist der Weg leichter.

Also, lass uns zusammen losgehen und Frieden mit unserem Körper schließen und zurück in die bedingungslose Selbstliebe fallen, mit der wir auf die Welt gekommen sind. Lass uns herausfinden, was alles möglich ist, wenn der KörperMUT und die Liebe zu uns selbst unsere Weggefährten werden.

Von Herzen,
Deine Tanja

"Mit MUT fangen die schönsten Geschichten an."

Noch ein paar Worte zum Thema MUT

Vielleicht hast du dich gefragt, warum ich dieses Programm KörperMUT nenne, wo es doch um Selbstliebe und Annahme des eigenen Körpers geht? Das will ich dir an dieser Stelle noch schnell erklären.

Wenn du meine Bücher oder vielleicht meinen Podcast Mutmuskeltraining® kennst, dann weißt du bereits, ich beschäftige mich hauptberuflich mit dem MUT, denn MUT ist für mich die Kernkompetenz für ein freies und selbstbestimmtes Leben.

Wie kann etwas gelingen, woran wir noch zweifeln oder wovor wir Angst haben? Wie können wir die einzelnen Schritte so trainieren, dass wir unseren Ängsten, Sorgen und Zweifeln weniger Raum geben als der Möglichkeit, dass es gelingen könnte? Indem wir unseren Mutmuskel trainieren und so dafür sorgen, dass der MUT zu einem guten Wegbegleiter wird. Denn dann hören wir auf, Angst vor der Angst zu haben und trauen uns wieder, aus vollem Herzen ins Leben zu stürzen.

Vor ein paar Wochen konnte ich als Teilnehmerin eines Seminars mal wieder meinen Mutmuskel trainieren. Die Seminarleitung fragte, wer sich zu Demonstrationszwecken vor der gesamten Gruppe coachen lassen möchte. Ohne auch nur einen Moment nachzudenken, ob ich mich mit der Gruppe wohlfühle oder ich mich mit meinem Thema wirklich zeigen möchte, ging schon mein Arm hoch. Zack. Nur so hatte ich die Chance, von dieser wunderbaren Frau gecoacht zu werden. Fand ich es super, dass mir dabei 50 Augenpaare zusahen? Nein, eher nicht. Aber ich habe dieses Seminar gebucht, um weiterzukommen und deshalb die beste Chance genutzt, um genau das zu ermöglichen.

Hätte ich in diesem Moment erst angefangen zu überlegen, ob es für mich passt, wie groß meine Angst ist, mich zu zeigen – na, was glaubst du? Bis dahin hätte sich jemand anderes gemeldet und ich hätte die Chance verpasst. Weil ich aber seit vielen Jahren meinen Mutmuskel trainiere, kann ich mich immer darauf verlassen, dass ich schnell in den MUT komme und mich von Zweifeln und Ängsten nicht mehr so einfach aufhalten lasse.

Ich bin übrigens nicht Expertin für dieses Thema geworden, weil ich schon immer total furchtlos und mutig war. Ich würde sagen, eher das Gegenteil ist der Fall. Ich habe schon früh in meinem Leben vieles, was ich getan oder eben nicht getan habe, am Grad meiner Angst ausgerichtet. Den MUT, dies nicht mehr zu tun, habe ich mir antrainiert. Ich bin mir sicher, wenn es für mich als erfahrenen Angsthasen möglich ist, ein mutiges Leben zu führen, dann kann es anderen Menschen auch gelingen. Und vor allen Dingen könnte ich es ihnen zeigen und beibringen. Daraus ist meine Berufung geworden, zwei Bücher, ein Podcast und unzählige Trainings und Beratungsprogramme.

Besonders wichtig ist mir, mit den gängigen Missverständnissen über den MUT aufzuräumen und damit den Grundstein zu legen, dass MUT gelingen kann. Besonders drei Missverständnisse hindern uns oft daran, in den MUT zu kommen:

- MUT kommt, wenn die Angst weg ist. Das stimmt aber nicht. Wer wartet, dass die Angst weggeht, um sich dann zu trauen, wird wahrscheinlich nie losgehen. MUT heißt immer, dass wir trotz unserer Angst gehen.
- MUT ist groß und von außen erkennbar. Stimmt nicht. MUT kann ganz leise und alltäglich daherkommen. Für den einen ist es mutig, allein auf eine Party zu gehen, für den anderen, vor einer Gruppe gecoacht zu werden und für den nächsten ist es die große Präsentation vor der gesamten Belegschaft. Eben je nachdem, wovor dieser Mensch Angst hat. Wenn wir davon ausgehen, dass MUT immer HeldenMUT und von außen für jeden sichtbar sein muss, erkennen wir oft nicht, in welchen Situationen wir bereits mutig waren. Wenn wir uns das nicht bewusst machen, verpassen wir, dass wir schon ganz oft MUT

bewiesen haben, bleiben in unserer Wahrnehmung ein Angsthase und träumen weiter von mutigen Zeiten.

- MUT hat etwas mit riskanten Herausforderungen zu tun. Vielleicht denkst du, wer sich traut, einen Helikopter-SkyDive zu machen, ist auch ansonsten sehr mutig. Für mich stimmt das nicht. EIN riskanter Sprung hat absolut nichts mit einem mutigen Leben zu tun. Im Gegenteil: Bei manchen Menschen kommt es mir so vor, als würden sie die Angepasstheit in ihrem täglichen Leben durch solche einmaligen Erlebnisse ausgleichen wollen. Nach dem Motto: „So, nach der Aktion kann mir keiner mehr sagen, ich wäre nicht total mutig!" Fakt ist aber auch, viele bleiben in Jobs, die nicht zu ihnen passen oder sie nicht glücklich machen, sie sagen JA, wenn sie eigentlich NEIN meinen und gehen Konflikten aus dem Weg. Zu groß ist die Angst, der neue Job könnte nicht sicher genug sein, das NEIN könnte jemanden verletzen oder der Konflikt unangenehme Konsequenzen haben. Sie bleiben lieber in der eigenen Komfortzone und springen einmal im Jahr aus einem Helikopter, um sich selbst zu beweisen, wie mutig sie sind.

Diese Irrtümer halten uns davon ab, den MUT zu kultivieren und zu trainieren, der uns wirklich ein selbstbestimmtes und freies Leben ermöglicht – der AlltagsMUT.

Denn darum geht es. Ob du im Alltag deine Werte lebst oder dich nach dem ausrichtest, was die anderen von dir erwarten. Ob du dich traust, regelmäßig nach mehr Gehalt zu fragen oder deinen Job zu wechseln, wenn es an der Zeit ist. Ob du dich wahrhaftig als der Mensch zeigen kannst, der du bist, oder dich am Ende doch hinter einer Rolle oder einem JA versteckst – weil dir das sicherer erscheint.

Das sind für mich die Themen, die am Ende darüber entscheiden, ob wir wirklich unser Leben leben oder eben nur eine Version dessen, was für uns möglich wäre. Ob wir auf Nummer Sicher gehen oder uns ein großartiges Leben zutrauen.

Wenn du wissen willst, wie dein Mutmuskeltraining® gelingen kann, egal ob es um AlltagsMUT geht oder um KörperMUT, halte dich an die folgenden Grundlagen:

1. Mut braucht Fehlerkultur.

Hier passt das Sprichwort von Kurt Marti sehr schön „Wo kämen wir hin, wenn alle sagten, wo kämen wir hin, und keiner ginge, um zu sehen, wohin wir kämen, wenn wir gingen."

Niemand kann dir versichern, ob ein Schritt gelingen wird. Aber wenn wir uns nicht auf den Weg machen und schauen, erleben, lernen und ausprobieren, dann werden wir es nie erfahren. Es gibt keine Garantien, so ist das Leben. Nochmal schwieriger macht es uns dabei unser Gehirn, denn das ist leider eher eine Worst-Case-Szenario-Rechenmaschine als eine „Stell-dir-mal-vor-es-wird-großartig!"-Visionärin à la Pippi Langstrumpf.

Was dir ab sofort helfen kann, deine Fehlerkultur zu trainieren, ist im Grunde genommen so einfach wie wirkungsvoll. Fang an, jeden mutigen Schritt zu feiern, erstmal unabhängig davon, ob er zum gewünschten Ergebnis geführt hat.

Du hast nach mehr Gehalt gefragt, es aber noch nicht bekommen? Dann feiere dich dafür, dass du dich getraut hast und arbeite an einer Strategie für das nächste Gespräch. Du hast dich endlich getraut, die Präsentation für den Kunden zu übernehmen, aber der Kunde hat nicht gekauft? Feier dich dafür, dass du es gemacht hast, hol dir Feedback und lerne, wie du es noch besser machen kannst, damit der Kunde beim nächsten Mal kauft.

Du wirst sehen: Die Angst vorm Scheitern wird Schritt für Schritt kleiner werden. Wenn wir uns erlauben, Fehler zu machen, lernt unser System, dass davon die Welt nicht untergeht. Wir werden mutiger und ganz nebenbei auch immer besser.

2. Ein starker Mutmuskel braucht einen starken Selbstwert.

Mit diesem zweiten Grundsatz nähern wir uns schon mit großen Schritten den Gedanken, die diesem Buch zugrunde liegen. Wenn wir uns selbst nicht als wertvoll anerkennen und uns und unsere Bedürfnisse nicht wichtig nehmen, dann werden wir an vielen Stellen in unserem Leben nicht für uns einstehen.

Wir werden uns verbiegen, um anderen zu gefallen. Wir werden die Bedürfnisse von anderen über unsere eigenen stellen. Weil wir uns dadurch von außen die Anerkennung und Wertschätzung erhoffen, die wir uns selbst eben nicht geben können.

Um dieses Phänomen wird es im Buch noch häufiger gehen. Mangelnder Selbstwert und fehlende Selbstliebe führen dazu, dass wir unseren Körper immer mehr optimieren, in der Hoffnung, sich irgendwann endlich wertvoll und liebenswert zu fühlen. Doch wenn es nicht in uns selbst angelegt ist oder wir vorher die nötige innere Arbeit leisten, können wir es auch nicht fühlen, wenn es von außen kommt. So als würde es keine passende Andockstation dafür geben.

Dann macht dir jemand ein Kompliment, und du wischst es einfach weg. Jemand sagt dir, dass du schön bist, und du weist diese Person erstmal darauf hin, dass du heute aber echt keinen schönen Tag hast und die Haare auch schon mal besser saßen. Oder der Klassiker unter Frauen: Das Kleid steht dir aber wirklich sehr gut! Antwort: Was, das alte Teil? Das hab ich mal runtergesetzt bei Tchibo zusammen mit einem Kaffee gekauft!

Kommt dir davon vielleicht etwas bekannt vor?

Genau das passiert, wenn wir im Außen nach etwas suchen, das wir im Inneren noch nicht haben. Uns fehlt die innere Referenz dafür; wir können es, wenn wir es hören, nicht wirklich aufnehmen und spüren.

Im schlechtesten Fall führt das dazu, dass wir ständig die Antennen nach außen gerichtet haben, die Bedürfnisse der anderen erfüllen, alles tun, um Everybody‘s Darling zu sein und am Ende des Tages, trotz der Anerkennung im Außen, uns leer und wenig wertvoll fühlen. Währenddessen bleiben unsere eigenen Wünsche und Träume auf der Strecke. Glaub mir, genau davon kann ich ein Lied singen, mir ist es so viele Jahre genau so ergangen.

Der Weg heraus ist, den eigenen Selbstwert zu stärken, unabhängig davon, was die anderen sagen oder welches Feedback wir von außen erhalten. Denn nur ein starker Selbstwert hilft uns, den MUT zu finden, uns wirklich einzusetzen für unser Leben und das, was wir uns darin wünschen. Ein starker Selbstwert heißt, dass ich mir selbst gefalle und nicht erst im Außen nachfragen muss, ob ich denn so in Ordnung bin.

Den eigenen Selbstwert zu stärken, ist ein wichtiger Schlüssel für einen starken Mutmuskel und auch für unseren KöperMUT: den MUT, uns so anzunehmen, wie wir nun mal sind.

Ein paar gute Impulse, wie du deinen Selbstwert stärken kannst, findest du hier, in einer Podcastfolge von mir:

Und was deinen Selbstwert und deine Selbstliebe in Bezug auf deinen Körper angeht, davon handelt der Rest des Buches. Also, lies einfach weiter und fang an, dich Schritt für Schritt wieder ein bisschen in dich selbst zu verlieben.

3. $E = (M \times KV)^F$

Damit dein Mutmuskeltraining® erfolgreich ist, braucht es neben dem MUT noch weiteres Handwerkszeug. Denn das Ziel ist ja, dass dir nicht nur der mutige Schritt gelingt, sondern du auch das Ergebnis erreichst, das du dir wünschst.

Meine Formel lässt sich ganz einfach merken, wenn man sie einmal verstanden hat. Sie bedeutet: Erfolg (E) entsteht, wenn MUT (M) auf Knowhow (K) & Vorbereitung (V) trifft. Das Ganze lässt sich noch um ein Vielfaches potenzieren, wenn man die mutigen Schritte und Erfolge feiert (hoch F). Das Feiern sorgt dafür, dass sich der Mut und die Erfolge gut in uns verankern können. Nicht umsonst sagt der Neurobiologe Gerald Hüther: „Begeisterung ist der Dünger für unser Gehirn." Ich nenne es Synapsen-Party und stelle mir vor, dass die Neuronen wie verrückt funken und ganz feste neue neuronale Verbindungen im Gehirn knüpfen. Nach diesem Neuronen-Fest ist die mutige Handlung für eine bestimmte Situation einfacher und schneller abrufbar.

Mit dieser Formel fällt vielen meiner Klient*innen und Teilnehmer*innen das Mutmuskeltraining® um einiges leichter und sie sind damit erfolgreicher. Probiere es einfach mal aus und wenn du Unterstützung brauchst, weißt du ja, wo du mich finden kannst.

Nun kennst du meine wichtigsten Grundsätze zum Thema MUT, die dich stärken und gut begleiten werden. Doch jetzt zurück zur Anfangsfrage des Kapitels: Was hat der MUT mit Selbstliebe zu tun und wie kann er uns helfen, endlich Frieden mit unserem Körper zu schließen?

In einer Welt, in der sich so viel um Äußerlichkeiten dreht, in der wir alle so stark von einem allgegenwärtigen Schönheitsideal geprägt sind, braucht es eine große Portion MUT, um auszusteigen und sich zu trauen, diesem Ideal nicht mehr entsprechen zu wollen.

Wir brauchen MUT, um genau hinzuschauen und uns mit all den Mechanismen auseinanderzusetzten, die dazu geführt haben, dass wir mit unserem Körper in einer Abwertungsspirale gelandet sind.

Wir brauchen den MUT, zu uns selbst und zu unserer Einzigartigkeit zu stehen und aus dem Vergleichen auszusteigen, das uns unglücklich macht und uns immer wieder an uns zweifeln lässt.

Und wir brauchen natürlich den MUT, uns mit unserem neuen Körpergefühl ins Leben zu trauen, unabhängig von den Bewertungen anderer. Uns nicht mehr zu verstecken, hinter geschickter Kleidung, in der letzten Reihe oder hinter einer unverletzlichen Fassade.

Wir brauchen den MUT, uns in die Sichtbarkeit zu trauen, so wie die vielen Interviewpartner*innen in diesem Buch. Die sich getraut haben, sich mit ihrer persönlichen Geschichte zu zeigen: mit ihrer Einzigartigkeit, mit ihren vermeintlichen Makeln ihrer Verletzlichkeit und damit in ihrer ganzen Größe, Stärke und Kraft.

Mein größtes Anliegen mit diesem Buch ist, dich mit so viel MUT, Wissen und neuen Gedanken zu versorgen, dass du gar nicht anders kannst, als loszugehen.

Mein Wunsch ist, dass du verstehst und fühlst, dass du immer richtig warst, genau so, wie du bist. Und dass dir das hilft, dich zu deiner vollen Größe aufzurichten und dich bedingungslos zu lieben – no matter what!

Deshalb heißt diese Reise zum Frieden mit deinem eigenen Körper KörperMUT. Ich habe 7 Prinzipien entwickelt, die dich Schritt für Schritt immer tiefer hineinführen in die radikale Selbstliebe. Jedes dieser Prinzipien braucht MUT: sich darauf einzulassen, es zu verstehen und dich zu entscheiden, diesen neuen Blickwinkel zuzulassen.

Und falls du jetzt noch eine Portion ErMUTigung gebrauchen kannst, bevor du loslegst, dann schau dir gerne noch diesen mutmachenden Vortrag von mir an!

Mittendrin!

Der ewige Kampf gegen den eigenen Körper

Um eines direkt klarzustellen: In diesem Buch geht es nicht ums Dicksein. Nur ich bin zufällig dick, und deshalb ist meine Geschichte die einer dicken Frau.

Es geht vielmehr darum, dass wir endlich den Kampf gegen unseren eigenen Körper aufgeben und Frieden mit unserer Hülle schließen, unabhängig von Alter, Aussehen, Gewicht und Funktion. Dass wir lernen, all die vermeintlich hässlichen und nicht funktionierenden Körperteile und das, was wir uns „weg" oder „anders" wünschen würden, anzunehmen. Denn dies ist die einzige Chance, wirklich Frieden mit uns selbst zu schließen, und das wiederum ist die Grundlage für ein glückliches und freies Leben ohne Scham und Abwertung. Wir leben in einer vielfältigen Welt, und jeder Mensch ist anders. Wir haben unterschiedliche Talente und Stärken. Der eine hat eine wunderbare Stimme, die nächste schreibt einen Bestseller nach dem anderen und wieder einer kann den besten Käsekuchen der Welt backen. So bringt jeder Mensch unterschiedliche Talente ein, und das finden wir meist gut und bereichernd. Wenn es aber um unsere Körper geht, scheinen wir diese Lust auf Vielfalt zu verlieren. Denn hier ist auf einmal Einheit angesagt. Als würde es nur eine einzige Schablone geben, in die wir alle reinpassen müssen, damit wir offiziell als schön und richtig gelten und uns auch so fühlen dürfen.

Für Frauen ist die aktuelle Schablone auf jeden Fall schlank, nicht zu klein, aber bitte auch nicht zu groß, die Haare möglichst glatt und lang und insgesamt natürlich jung und straff. Busen und Po dürfen aktuell wohl wieder etwas größer sein, die Taille dafür aber bitte möglichst schlank.

Für Männer sieht die Schablone auf jeden Fall eine für einen Mann angemessene Größe vor, Muskeln natürlich, und bitte einen flachen Bauch.

Man muss eigentlich nur mal eben durch ein paar Netflix-Serien zappen, dann bekommt man schnell einen Eindruck, wie gerade das optimale Bild von Mann und Frau aussieht.

Dieses Schönheitsideal impliziert automatisch, dass der Schablonenkörper jung und funktionsfähig ist, auf gar keinen Fall krank oder behindert.

Mit dieser Idee des idealen Körpers sind ziemlich viele von uns gleich mal raus. Die mehr als 50 %, die in Deutschland, gemessen am BMI, Übergewicht haben. Die 9,5 % der Menschen mit schwerer Behinderung. Und natürlich die älteren Menschen, die noch mal gut 20 % der Bevölkerung ausmachen.

Es ist also nicht weiter verwunderlich, wenn man in Studien liest, dass mehr als die Hälfte aller Frauen sich nicht wohlfühlen in der eigenen Hülle und nach dem Blick in den Spiegel unzufriedener sind als vorher. Und die Männer? Die folgen diesem Trend leider nach und nach. Der wird natürlich durch die sozialen Medien befeuert, aber es gab das alles auch schon vor der Zeit von Facebook, Instagram & Co.

Schönheit und Jugend scheinen der einzige Maßstab für unseren Körper zu sein und wer nicht in die Schablone passt, bekommt schnell das Gefühl, nicht wertvoll zu sein, nicht liebenswert. Diäten, Stoffwechselkuren, die neusten Fitness-Trends, Cremes und für die ganz harten Fälle auch invasive Methoden garantieren Abhilfe und winken mit dem Versprechen eines besseren Lebens.

Dass Menschen einen operativen Eingriff in Kauf nehmen – mit all den Risiken, die dazu gehören –, nur um endlich näher heranzukommen an das geltende Schönheitsideal, zeigt, welcher Druck auf uns lastet, wenn es um das Thema Körper und Schönheit geht.

So beginnt der Kampf mit uns selbst. Wir versuchen in eine Schablone zu passen, die nie für uns gemacht war. Eine Schablone, die von einer Industrie, einem Markt kreiert wurde. Und zwar nicht, damit wir reinpassen, sondern damit wir immer ein Stück daneben liegen, unzufrieden bleiben und die Industrie am Leben halten, die uns Abhilfe verspricht.

Sie verspricht und versichert, dass unser Leben viel schöner, bunter und perfekter wäre, wenn wir nur endlich in die Schablone passen würden. Und so kaufen wir mit diesem Versprechen dann auch den nächsten Schlankheitsshake oder die nächste Wunderdiät, die nächste Creme, die unsere hart erarbeiteten Lachfalten wegbügelt oder unsere Sommersprossen ausbleicht und Erlösung verspricht.

Viele von uns führen diesen Kampf schon so lange, dass er ihnen gar nicht mehr auffällt. Wir halten das für den normalen Umgang mit uns selbst und unserem Körper. Wir glauben, es ist normal, über unsere „Wampe" zu sprechen, darüber dass wir dieses Jahr „endlich unseren Körper in den Griff bekommen" oder etwas gegen unsere „hässliche Dellen" tun müssen. Die eigene Abwertung wird so normal für uns, dass wir auch andere Körper ständig bewerten und abwerten. Und so entstehen dann Geschichten wie die, die ich in der Schweiz erlebt habe.

Wenn wir mal ganz ehrlich sind, hat jeder von uns wahrscheinlich schon mal einen anderen Körper abgewertet. Vielleicht sogar genau an der Stelle, an der für uns selbst der größte Schmerz liegt.

Wenn du dich selbst nicht traust, deine Beine im Sommer zu zeigen und deshalb keine Röcke trägst, hast du vielleicht schnell einen doofen Spruch auf den Lippen, wenn sich das jemand anders einfach traut, der, zumindest in deiner Wahrnehmung, keine makellosen Beine hat. Dann kommt es ein bisschen darauf an, wie höflich und gut erzogen du bist. Je nachdem denkst du dir einfach deinen Teil oder sagst es vielleicht ganz leise zu dir oder heimlich zu deiner Freundin, wenn die Frau weitergegangen ist. Ich bin mir sicher, es passiert uns allen, dir, mir und eben auch den Jungs aus der Schweiz.

Denn wenn wir mit uns selbst hadern und gegen unseren Körper kämpfen, statt ihn zu lieben und anzunehmen, dann werten wir andere Körper ab; um uns für einen kleinen Moment ein bisschen besser zu fühlen und unseren eigenen Schmerz nicht ganz so doll zu spüren.

Ich möchte dich einladen zu einem kleinen Gedankenexperiment. Schließe deine Augen und stell dir für einen Moment vor, du wärst mit deinem Körper wirklich im Frieden. Du könntest alles, was du bist, ganz bedingungslos annehmen. Jede Delle, jede Falte, den Speck an der falschen Stelle, das was nicht so funktioniert, wie es sollte, vielleicht auch das, was schmerzt, die Teile an dir, die du schon so lange ablehnst. Spüre, wie du all die negativen Gedanken loslassen kannst und sich Frieden in dir ausbreitet. Ein ruhiges angenehmes Gefühl durchströmt deinen gesamten Körper, jede deiner Zellen. Wie fühlt sich das an?

Wenn ich Menschen einlade, dieses Experiment zu machen, kommen folgende Rückmeldungen.

- ♥ Ich kann mir das nicht so schnell vorstellen.

Wenn du das gerade denkst und erlebst, dann mache das Experiment ein paar Mal und schaue, ob du dich dann besser darauf einlassen kannst. Für alle, die bisher weder mit Visualisierung noch mit Meditationen arbeiten, braucht es ein bisschen Übung, sich darauf einzulassen und den Frieden zu spüren.

- ♥ Das war sehr schön. Für einen Moment konnte ich mir vorstellen, wie sich das anfühlt, wenn man sich ganz annehmen kann.

Wunderbar, das war der Vorgeschmack darauf, wie es sein wird, wenn du wirklich Frieden mit dir geschlossen hast. Walt Disney hat mal gesagt „Wenn du es dir vorstellen kannst, dann kannst du es auch machen." Den ersten Schritt bist du also gerade gegangen. Freu dich, auf den Rest dieses Buches und darauf, dass du diese Momente schon bald immer öfter spüren wirst.

♥ Das kann ich mir nicht vorstellen, es kommen direkt die negativen Gedanken wieder. Es liegt außerhalb meiner Vorstellung, weil ... (hier kommen dann all die Begründungen, warum es mit diesem oder jenem Körperteil oder seiner Beschaffenheit nicht möglich ist, Frieden zu finden.)

Der Widerstand lässt sich für dich noch nicht überwinden. Das, was du bis jetzt über deinen Körper gelernt und geglaubt hast, ist so stark, dass Frieden und Annahme außerhalb deiner Vorstellung liegen. Du hast noch ein bisschen Wegstrecke vor dir. Aber du kannst es schaffen. By the way: Mir ging es genauso. Als ich diese Übung mal auf einem Seminar machen sollte, konnte ich mir für keine Sekunde vorstellen, dass ich wirklich lernen kann, mich mit meiner ganzen Fülle anzunehmen. Bis dahin war schlank werden die einzige Chance auf Frieden, Glück und Erfüllung in meinem Leben.

Heute weiß ich, es gibt diesen Frieden und die bedingungslose Liebe für uns selbst und unseren Körper. Aber sie brauchen die Bereitschaft, alles, was du über dich und deinen Körper gelernt hast, in Frage zu stellen und neue Gedanken und Blickwinkel einzuladen und zuzulassen.

Credit: © Dominik Pfau

Ich bin Marion, Jahrgang 1973, und ich stehe mit meinem Wirken für (Selbst-) Motivation. Die Themen „selbstbestimmtes Leben", „Vollwertigkeit" und die „Kraft der Vielfältigkeit" in unserer Gesellschaft liegen mir am Herzen.

Als Speakerin, Impulsgeberin, Seminarveranstalterin und Autorin möchte ich Menschen motivieren, für sich einzustehen und unabhängig von den äußeren Umständen unerschütterlich immer wieder aufzustehen und ihren Weg zu gehen, denn: „Aufstehen beginnt im Kopf!"

Ich bin ehrenamtlich tätig als Peer der *Fördergemeinschaft der Querschnittgelähmten in Deutschland e. V.*

Warum sind mir diese Themen so wichtig? Ich selbst bin schon mit einer für alle sichtbaren Behinderung geboren worden – einer beidseitigen Lippen-Kiefer-Gaumen-Spalte. Bis zu meinem 18. Lebensjahr hatte ich 16 OPs; von den Kindern wurde ich gehänselt, von den Erwachsenen akustisch nicht verstanden.

Als Leistungssportlerin hatte ich mit 21 Jahren einen Reitunfall und bin seitdem halsabwärts querschnittgelähmt und auf Rädern durchs Leben unterwegs.

Damals im Krankenhaus – bewegungslos und völlig abhängig – habe ich mich für das Leben entschieden. Ich wusste nicht, wie es sein würde, doch was ich wusste, war: Ich hole mir ein richtig gutes Leben zurück, ohne Plan B! Heute lebe ich ein sehr erfülltes und glückliches Leben. Wider alle Prognosen der Ärzte („Seien Sie froh, wenn Ihre Tochter sitzen und den Elektrorollstuhl mit dem Mund bedienen kann") kann ich heute 100 m mit Krücken gehen.

Kannst du dich noch erinnern, wann und wie du zum ersten Mal wahrgenommen hast, dass Körper unterschiedlich sind und dass Körper bewertet werden? Welche Bewertung gab es für deinen Körper?

Als Kind empfand ich mich als „normal". Im Kindergarten und in der Schule wurde mir jedoch von den anderen Kindern gespiegelt: „Du bist nicht normal!" Ich wurde gehänselt und ausgegrenzt; heute würde ich sagen, ich wurde gemobbt. Das war sehr schmerzhaft.

Was hat dich in deinem Leben besonderen KörperMUT gekostet?

Als junge Frau im Rollstuhl war es schwer, meinen gelähmten Körper so anzunehmen, wie er ist. Ich konnte mir damals nicht vorstellen, mich so zu akzeptieren, und schon gar nicht, dass ein Mann mich als Frau würde lieben können. Mich nach meiner Entlassung aus dem Krankenhaus im Rollstuhl zu zeigen, hat mich extrem viel Mut gekostet.

Was war dabei deine größte Angst?

Ich hatte Angst, als Mensch, als Frau im Rollstuhl abgelehnt, abgewertet zu werden. Ich hatte Angst, eine Last für meine Familie zu sein und keinen Partner zu finden.

Wie hast du den MUT gefunden, es trotzdem zu tun?

Als Kind habe ich gelernt, Mut zum „Anders-Sein“ zu haben. Meine Liebe zum Leben hat mich gestärkt und mir die Kraft gegeben, mutig meinen Weg zu „gehen“. Die bedingungslose Liebe meiner Tiere hat mir Kraft gegeben, denn sie haben mich geliebt – auch mit Narben im Gesicht und mit Rädern unterm Hintern.

Würdest du sagen, du hast Frieden mit deinem Körper geschlossen?

Ja, absolut. Das war zwar ein Prozess und auch heute passiert es mir noch, dass ich etwas „patzig“ werde, wenn mein Body gerade nicht das tut, was ich gerne möchte. Doch es wird mir heute schneller bewusst und ich kann ihn dankbar annehmen. Ich bin dann sehr stolz auf meinen Körper für das, was er schon mit mir durchlebt und ertragen hat.

Was siehst du, wenn du heute in den Spiegel schaust?

Ich sehe heute eine Frau, die mich anlächelt, mich mit offenen Augen liebevoll anschaut und weiß, dass sie genau richtig ist, so wie sie ist.

Was möchtest du Menschen zurufen, die ihren Körper ablehnen und abwerten?

Aufgrund meines Weges möchte ich dir sagen: „Ich kann so gut verstehen, wie du dich gerade fühlst. Hör bitte auf, dich mit anderen zu vergleichen! Es macht einfach keinen Sinn. Lass es nicht länger zu, dass andere Menschen deinen Wert als Mensch bestimmen, und schick deinen ‚Plapperer‘ im Kopf auf die Ersatzbank. Habe den Mut, anders zu sein!“

Mehr zu Marion Bender erfahren? ↗ https://marionbender.com

Niemand kommt auf die Welt und hasst den eigenen Körper

Als Kind hatte ich blonde Locken und alle fanden mich und diese Locken „total süß". Als ich älter wurde, wurden die Haare kraus und die Farbe änderte sich in eine Art Straßenköterblond. Damit war ich plötzlich meilenweit entfernt von total süß und mir wurde stattdessen gerne mal „Iiiih, Schamhaare auf dem Kopf" hinterhergerufen. Dass dann auch noch sehr früh in meiner Schulzeit eine Brille dazu kam, war weder förderlich für meine Beliebtheit noch für meinen angekratzten Selbstwert. Zu allem Überfluss war ich immer schon ein bisschen kräftiger und irgendwie immer ein Stück zu laut und zu lebhaft – so zumindest die Meinung der Erwachsenen.

Ich weiß, meine Geschichte ist bis hierhin weder außergewöhnlich noch dramatisch. Viele von euch werden das ähnlich erlebt haben. Einige von euch werden schlimmere Geschichten berichten können. In der Schulzeit ist Mobbing aufgrund von Anders-Sein ein großes Thema. Der Verein „Zeichen gegen Mobbing" schätzt sogar mittlerweile, dass jede*r sechste Schüler*in davon betroffen ist. Wir erhalten damit sehr früh Feedback und Rückmeldung zu unseren Körpern und zu unserem äußeren Erscheinungsbild, meist ungefragt, und Mädchen öfter als Jungs. Wenn wir noch ganz klein sind, erleben wir, dass wir alles machen und anziehen können und beklatscht werden und als niedlich und süß bezeichnet werden. Wir können unsere Bäuche am Strand oder nach dem Eis essen rausstrecken, man wird uns drüber streicheln und sich mit uns gemeinsam an diesem Wunderwerk Körper erfreuen. Doch irgendwann hört das auf und auf einmal erhalten wir andere Rückmeldungen. Sie werden kritischer, enthalten dann bereits den Abgleich mit einem bestimmten Ideal. Wir werden nach und nach mit der für unser Geschlecht passenden Schablone abgeglichen und lernen sehr schnell, wo wir nicht entsprechen und damit eben nicht ganz richtig sind. Das habe auch ich schnell gespürt und gelernt. Und du wahrscheinlich auch.

Dieses Gefühl führte bei mir dazu, dass meine Lieblingsbeschäftigung als junges Mädchen nicht einem Hobby nachzugehen oder mich mit Freundinnen zu treffen war. Nein, ich habe in der „Vital" geblättert, einer Fitness- und Frauenzeitschrift, und von besseren Zeiten geträumt. Ich wünschte mir nichts mehr, als diesen schönen Menschen auf den Bildern zu entsprechen. Ich wollte etwas größer und endlich schlank sein, kleine Poren und eine andere Nase haben, träumte von langen blonden Haaren, die seidig bis zur Taille fallen – denn all das schien die Garantie zu sein, um von jedem geliebt und geschätzt zu werden. Dann wäre ich endlich richtig in dieser Welt, nicht mehr einsam, hässlich, ungeliebt und könnte einen Platz im Leben einnehmen, der nicht mit Scham, Peinlichkeit und dem Gefühl der Unzulänglichkeit verbunden ist.

Dass ich mich damals schon so stark von all dem habe beindrucken lassen, lag sicherlich auch daran, dass es bei uns daheim sehr wichtig war, was andere Menschen über uns denken. Zumindest meiner Oma, mit der ich die ersten sechs Jahre meines Lebens in einem Haus gelebt habe. Direkt gefolgt von der Regel, unter keinen Umständen zu dick zu sein – was sollten sonst bloß die anderen denken?

Schlanksein war gleichbedeutend mit Disziplin, das Leben und sich im Griff haben und ein Stück gegen sich selbst zu gewinnen. Mein Vater hat alle zwei Jahre mit sogenannten Schrotkuren sein Gewicht reduziert und kam nach 4 Wochen Fasten sehr stolz und dünn nach Hause. Die verlorenen 10 Kilo wurden dann nach und nach mit gutem Essen und Bierchen wieder drauf gepackt. Er war die meiste Zeit seines Lebens gut trainiert und normalgewichtig, aber auch nur, weil er regelmäßig diese Radikalkuren machte. Im Grunde seines Herzens war er ein Genießer, der sehr gut feiern, den Alltag vergessen und alle Vorsätze über Bord werfen konnte.

Meine Mutter – mit Größe 40 ganz durchschnittlich und eher schlank– hat oft darüber gesprochen, dass sie endlich mal weniger essen möchte und über ihre zu dicken Beine. Sie hätte niemals für uns Kinder Nutella gekauft und alles Süße war bei uns daheim gut versteckt und streng rationiert. Eines der Lieblingsgerichte aus dem Repertoire meiner ernährungsbewussten Eltern waren Pellkartoffeln mit Magerquark und Paprika. Das gab es immer mittwochs um halb sieben zum Abendessen. Wie habe ich diese Mittwochabende gehasst. Bäh. Noch jetzt kann ich den Magerquark mit Paprika schmecken. Später habe ich mich gewundert, dass ich Paprika nicht gerne essen mag und irgendwie fies finde. Und noch später, mit 29, als ich meinen Mann kennenlernte, habe ich zum ersten Mal in meinem Leben Sahnequark gegessen. Bis dahin dachte ich wirklich, Magerquark ist Quark und den gibt es eben nur in der Geschmacksrichtung Spachtelmasse. Wenn mir früher jemand gesagt hat, ich habe uns ´ne leckere Quarkspeise zum Nachtisch gemacht, dachte ich, ich werde gerade auf den Arm genommen.

In diesem Klima aufzuwachsen, hat bei mir dazu geführt, dass ich nie ein gutes Verhältnis zum Essen, zu normalen Portionen und Lebensmitteln aufbauen konnte. Seit meiner Pubertät habe ich mich immer für meinen Körper und die Fülle, die dieser hatte, geschämt. Anstatt zu genießen und meinen Körper anzunehmen, habe ich mich ständig mit allen dünnen Frauen dieser Welt verglichen und mich von Diät zu Diät gehangelt.

Ich habe also recht früh und sehr nachhaltig gelernt, meinen Körper zu hassen. Jeder lernt diese Lektion anders. Aber alle, die ihren Körper hassen, abwerten oder im ständigen Kampf mit ihm leben, haben das irgendwann gelernt. Niemand von uns ist damit zur Welt gekommen. Wir erleben als Kinder unsere äußere Erscheinung immer über das Feedback und die Reaktionen unserer Umwelt. Und hier kommt es eben darauf an, welches Feedback wir erhalten und in welchem Umfeld wir aufwachsen.

In einigen Fällen machen die Eltern auch einen richtig guten Job, dafür gerät man an falsche Freundinnen oder Lehrer, die den Schaden anrichten. Manchmal hör ich im Coaching auch, dass EIN Spruch ausgereicht hat, um den Selbstwert oder die Wahrnehmung des eigenen Körpers nachhaltig zu beschädigen.

Vielleicht sind es Partner oder Partnerinnen, die unseren Blick auf uns selbst verändern, Modezeitschriften oder ein bestimmter Instagram-Account, dem wir folgen, obwohl er uns schadet.

Wer auch immer es war, der angefangen hat, dir weißzumachen, dass dein Körper nicht richtig ist, du nicht schön genug, nicht schlank genug oder vielleicht auch zu dünn, nicht mehr jung genug oder nicht symmetrisch bist: Es ist nicht die Wahrheit. Es ist nur der verzerrte Blick, den wir fast alle in Bezug auf unsere und fremde Körper angenommen haben. Und der erste wichtige Schritt weg davon ist, sich wieder zu erinnern, dass es mal anders war.

Mit diesem Buch möchte ich dir die Augen öffnen, damit du wieder klar sehen kannst, was dein Körper für ein Wunderwerk ist. Dass dein Körper nie dazu gemacht war, einem bestimmten Ideal zu entsprechen. Dass jeder Körper anders und einzigartig ist. Wenn wir wieder lernen, seine wahre Schönheit zu entdecken, dann können wir Frieden schließen mit unserer Hülle und wieder bei uns ankommen, uns mit uns und in uns selbst wohlfühlen. Ohne Scham, ohne Abwertung und ständigen Optimierungswahn. Uns einfach so wohlfühlen in der eigenen Haut und unser Sein genießen. Denn so sind wir gemeint.

Credit: © Falco Peters

Ich bin Obiageli Njoku, Speakerin und Businesscoach. Ich verbinde Spiritualität mit Business und führe mit meinem Unternehmen „Magisch führen" Unternehmer und Unternehmerinnen zum Erfolg; ob Einzel-, Klein- oder Großunternehmen ist für mich dabei nicht von Bedeutung.

Kannst du dich noch erinnern, wann und wie du zum ersten Mal wahrgenommen hast, dass Körper unterschiedlich sind und Körper bewertet werden? Welche Bewertung gab es für deinen Körper?

In meiner Kindheit, in einer rein weißen Familie und einem weißen Umfeld, hatten alle Puppen, die man mir schenkte, ebenfalls eine weiße Hautfarbe. Im Alter von fünf Jahren bekam ich eine dunkelhäutige Puppe, mit der ich mich sofort identifizieren konnte. Sie bestätigte mich in dem Gefühl, das ich schon immer in mir trug. „Ich bin anders als die anderen um mich herum", auch wenn alle Welt mir dies absprach!

Was hat dich in deinem Leben besonderen KörperMUT gekostet?

Meine Schönheit, Präsenz und exotische Erscheinung vollständig in ihrem gesamten Potenzial anzunehmen, auszuleben und als Geschenk wahrzunehmen, ohne mich selbst negativ zu bewerten.

Was war dabei deine größte Angst?

Das meine Selbstliebe als Arroganz interpretiert wird.

Wie hast du den MUT gefunden, es trotzdem zu tun?

Ich war und bin es mir WERT!

Würdest du sagen, du hast Frieden mit deinem Körper geschlossen?

Es gibt Phasen, in denen ich mich bemühen muss, mich an meine eigenen Mutmacher zu erinnern …

Was siehst du, wenn du heute in den Spiegel schaust?

Ich sehe heute etwas, das ich mich früher nicht getraut habe zu sehen. Eine wundervolle, erfolgreiche Frau, die das Leben entfaltet hat. Manch eine Erfahrung hat Spuren hinterlassen und mich erst zu dem geführt, was ich heute bin.

Voll und ganz und doch ganz einfach ICH!

Was möchtest du Menschen zurufen, die ihren Körper ablehnen und abwerten?

Wer soll dich lieben, wenn du es nicht tust? Kein Kritiker kann so hart sein zu dir, wie du es bist. Hör auf damit und sieh, welche Schönheit in dir ist. Wenn du es siehst, dann wirst du in deiner Schönheit auch sichtbar für die Welt!!

Lass die Gedanken los, die dich nicht bereichern. Genieße dich und dein Sein. Du bist zu 100 Prozent einzigartig und perfekt.

Erfülle dich mit Leichtigkeit und Freude und spüre, wie sich deine Schwingung sofort ändert und du von innen nach außen in deiner Schönheit erstrahlst.

Mehr zu Obiageli Njoku erfahren? ↗ https://obiagelinjoku.de

Die Sache mit der Scham

Die Scham und ich, wir sind alte Bekannte. Solange ich denken kann, kenne ich die Scham über meinen Körper. Ich weiß noch, dass ich als junge Frau – und damals hatte ich noch ein relativ normales Gewicht, denn ich habe regelmäßig Diät gehalten – den Sommer immer total gehasst habe, weil ich nie wusste, was ich anziehen sollte. Ständig saß mir die Angst im Nacken, dass irgendjemand auf die Idee kommen könnte, an den See oder ins Freibad zu wollen. Wenn ich mich recht erinnere, habe ich immer eine gute Ausrede gefunden, warum ich ausgerechnet heute leider nicht mitkommen kann. Die Scham über meinen Körper saß so tief, dass ich trotz Hitze lieber verhüllt rumgelaufen bin. Hätte mir damals jemand mein heutiges Gewicht prophezeit, ich glaube, ich hätte das nicht verkraftet.

Auch wenn ich sagen kann, dass die Scham nie mehr so stark war wie in meiner Jugend und als junge Frau, so hat sie sich doch gerade mit den letzten 15 Kilo, die ich zugenommen habe, wieder heimlich und leise in mein Leben geschlichen. Fast unbemerkt. Wäre nicht die Situation in der Schweiz gewesen, sie hätte sich weiter unterschwellig breit gemacht und ich hätte an der Oberfläche gelächelt und gesagt: Alles fein, ich bin fein mit mir – solange nur keiner genauer nachfragt.

Die Situation im Zug hat mir innerhalb weniger Sekunden gezeigt, wie tief ich mich schäme für meinen Körper und mein vermeintliches Versagen in Sachen Ernährung. Immer noch. Oder eben wieder.

Wahrscheinlich spürt jeder und jede die Scham anders. Bei mir kommt sie in Form von heißem Wasser, mit dem ich übergossen werde. Ein Schreckmoment, gefolgt von Hitze und einem roten Gesicht. Und dann herrscht einzig und allein der Wunsch in mir, es möge sich jetzt sofort der Boden unter meinen Füßen auftun und mich verschlucken. Ich möchte nur noch aus der Situation verschwinden, und zwar sofort.

Egal wie unterschiedlich sie sich für jeden einzelnen anfühlen mag, wir alle kennen Scham. Wir alle wurden schon mal beschämt. Wir alle haben andere Menschen bereits beschämt, manchmal ohne es zu wissen oder zu wollen und manchmal vielleicht auch bewusst. Scham ist machtvoll und kann der Seele sehr schaden.

Deshalb ist es mir so wichtig, ein ganzes Kapitel der Scham zu widmen, damit du verstehst, was sie ist, woher sie kommt und vor allen Dingen, wie du sie loswerden kannst.

Scham ist erst mal eine Emotion und hat damit auch eine Funktion. In der Pubertät erleben wir oft zum ersten Mal Scham für unsere Körperlichkeit. Wir hören auf, überall nackt herumzulaufen, was wir als Kinder noch ganz ohne Scham tun konnten. Man könnte also sagen, Scham hat die Funktion, dass wir lernen, uns angemessen in sozialen Kontexten zu verhalten und hat damit eine Berechtigung.

Weder berechtigt noch gesund oder angemessen ist aber, sich wegen eines körperlichen Merkmals, seines Gewichts, seines Alters oder eines Handicaps zu schämen. Denn dann wird es schwierig mit dem freien und glücklichen Leben. Diese Scham entsteht, wenn wir kollektiv lernen, dass etwas mit uns nicht stimmt, weil wir dem gängigen Schönheitsideal nicht entsprechen. Noch schambesetzter wird es oft, wenn sich jemand im gängigen binären Geschlechtersystem nicht wiederfindet oder sich mit dem angeborenen biologischen Geschlecht nicht identifizieren kann. Wenn jemand mit einer Behinderung, einem nicht funktionierenden oder kranken Körper umgehen muss. Für all diese menschliche Vielfalt gibt es statt Wertschätzung und Anerkennung Abwertung und Kritik, weil es Abweichungen sind von der Norm, der wir angeblich entsprechen sollen.

Was die Scham, die so in uns entsteht, dann auslöst, ist das Gefühl, nicht liebenswert zu sein. Scham ist die große Angst davor, ausgestoßen zu werden, kein wertvoller Mensch zu sein. Scham lädt uns ein, uns oder dass, wofür wir uns schämen, zu verstecken, damit es niemand zu Gesicht bekommt.

Manchmal gesellt sich zur Scham dann auch noch die Schuld dazu, wie zum Beispiel in meinem Fall. Gerade wenn unser Makel etwas ist, an dem wir vermeintlich etwas ändern könnten. Dann kommen Scham und Schuld gerne mal Hand in Hand und wiegen doppelt schwer. Diese Mischung kann uns schier erdrücken und uns die Luft zum Atmen nehmen.

Wenn uns dann niemand aufklärt, wie wir die Scham wieder loswerden und heilen können, dann leben wir mit dieser Last. Dann sind wir Freiwild für die, die uns beschämen wollen, denn es gelingt ihnen ganz einfach.

Das durfte ich damals in der Schweiz schmerzhaft feststellen. Ich bin mit den beschämenden Aussagen voll und ganz in Resonanz gegangen. So sehr, dass ich mich noch eine ganze Zeit danach gefragt habe, ob sie vielleicht recht hatten, die beiden, die mich so beschämt haben.

Wäre ich in meiner Kraft gewesen, so wie ich es nicht immer, aber immer öfter bin, hätte das in dieser Form nicht passieren können. Und damit sage ich nicht, dass die beiden ihre Sprüche nicht losgeworden wären. Bodyshaming und vor allem Fatshaming sind Realität in unserer Gesellschaft. Vielmehr meine ich damit, dass ich es vielleicht gar nicht mitbekommen hätte, weil mein Fokus woanders gewesen wäre. Oder ich hätte es gehört, aber mich eben nicht für mich geschämt, sondern über die Ignoranz und Unverschämtheit dieser beiden Zeitgenossen geärgert. Und vielleicht hätte ich sogar den MUT gefunden, das zu sagen, was die einzig richtige Reaktion gewesen wäre: Eure Meinung zu meinem Körper ist für mein Leben nicht relevant. So oder so wäre es nicht möglich gewesen, mich so abgrundtief zu beschämen, dass ich mich und meinen Wert in Frage stelle und diese Situation mir wirklichen Schmerz bereitet.

Ich durfte mich erst wieder mühsam daran erinnern, dass es an meinem Körper nichts gibt, für das ich mich schämen muss. Und auch an deinem Körper gibt es nichts, ich wiederhole: NICHTS!, für das du dich schämen müsstest. Stimmt, ich kenne deinen Körper nicht, aber ich weiß es trotzdem. Warum? Weil es an keinem Körper dieser Welt etwas gibt, wofür der Mensch, der in diesem Körper wohnt, sich schämen müsste.

Das kann man nicht oft genug wiederholen: Es gibt nichts an dir, wofür du dich schämen müsstest.

Ich bin mir sicher, einige von euch steigen an dieser Stelle aus und behaupten das Gegenteil. Oder sind fest davon überzeugt, dass es aber an ihrem Körper etwas gibt, das so „abnormal“ ist, dass Scham die einzig wahre Reaktion darauf ist. Aber das stimmt nicht. Du bist eine von vielen Varianten der Natur. Du bist vielleicht die große knorrige und dicke Eiche. Oder ein noch kleiner, zarter Sommerflieder mit einem abgeknickten Ast. Vielleicht bist du auch ein Löwenzahn oder ein Kleeblatt mir vier statt drei Blättern. Jeder Körper ist anders, einzigartig, besonders geformt, hat Ecken und Ausbuchtungen und ist damit unverwechselbar. Ich denke, das hat die Natur extra so vorgesehen. Sie hat sicher nicht vorgesehen, dass wir alle gleich aussehen, nur um einem vermeintlichen Ideal zu entsprechen, das wir uns nicht mal selbst ausgesucht haben.

Vielleicht hast du auch schon so viel Zeit wie ich mit der Scham verbracht, dass sie eine fast nicht wegzudenkende Wegbegleiterin geworden ist, die dir ständig zuflüstert, dass es besser wäre, du würdest doch das ein oder andere von dir verstecken. Weil du eben damit nicht liebenswert oder schön bist. Aber wie gesagt: Das will die Scham uns weißmachen, es ist aber nicht die Wahrheit.

Wenn du mir darin zustimmen kannst, dann bist du jetzt bereit für den nächsten Schritt.

Fang an, dich mit dem zu zeigen, wofür du dich schämst.

Jetzt schreit die Scham in dir wahrscheinlich ganz laut „NEIN, alles, bloß das nicht!“, denn genau das mag sie nicht. Scham überlebt nur im Dunkeln. Sobald du ein Licht auf das scheinen lässt, wofür du dich schämst, und es anderen Menschen zeigst, kann die Scham gar nicht anders, sie verliert ihre Macht. Denn wenn wir uns zeigen, mit dem was vermeintlich nicht richtig an uns ist, dann passiert oft etwas ganz Magisches. Wir erleben, dass wir doch angenommen sind. Wir erleben, dass andere weder gehen noch mit dem Finger auf uns zeigen, sondern uns in den Arm nehmen oder vielleicht sogar auch etwas von sich zeigen oder teilen, was sie bis jetzt beschämt hat. Und so kann Heilung passieren.

Wenn die Scham weggeht, entsteht der Raum dafür, deinen eigenen Wert wieder zu fühlen, ganz unabhängig von deinen vermeintlichen Makeln. Bedingungslos, ohne Bewertung, mit Liebe.

Um dich mit etwas zu zeigen, musst du kein Nacktbild von dir auf Insta teilen – kannst du, wenn du magst, musst du aber nicht. Es geht nicht darum, sich möglichst vielen Leuten zu zeigen, um dann viel Positives zu hören. Vielmehr geht es darum, jemandem zu erzählen, dass du zum Beispiel deinen Bauch nicht magst, ihn vielleicht nicht anfassen lässt und deshalb ständig mit eingezogenem Bauch rumrennst. Du kannst dieser Person deines Vertrauens auch deinen Bauch zeigen, dass muss aber im ersten Schritt überhaupt nicht sein. Es geht vielmehr darum, das Tabu zu brechen. Darüber zu sprechen. Sich mit dem Schmerz zu zeigen. Zuzulassen, dass du an dieser Stelle verletzlich bist. Um dann in Verbindung mit einem Menschen aufrichtige Empathie zu erfahren. Das ist der Moment der Heilung möglich macht und die Scham vertreibt.

Die Scham sagt dir und deinem System: Zeig das niemandem, denn damit kann dich NIEMAND schön und liebenswert finden. Dann zeigst du dich damit und lernst, dass die Scham unrecht hat, weil deine Freundin oder dein Freund dich trotzdem noch liebenswert findet. Mit jedem Mal, mit dem dein System diese Erfahrung macht, kann die Scham immer mehr weichen und es kann eine neue Beziehung entstehen zwischen dir und deinem Körper, eine Beziehung ohne Scham.

Wenn du schon sehr lange Scham für deinen Körper empfindest und vieles an ihm ablehnst, dann kannst du vielleicht mit einem kleinen Teil anfangen. Am besten mit dem Teil, der dich am meisten von einem freien Leben abhält. Vielleicht sind es deine Oberarme, so wie bei mir viele Jahre? Dann fang genau damit an. Taste dich langsam ran, sei liebevoll mit dir und suche dir die Menschen, denen du dich wirklich zeigen willst, genau aus.

Es sollten Menschen sein, die dich wachsen sehen wollen. Menschen, die sich vielleicht auch ihrer Scham bewusst sind und nicht mit der eigenen Bewertung darauf reagieren. Sonst fängst du dir direkt einen neuen, wenig hilfreichen Blick auf ein Körperteil ein. Das kann schnell gehen, wie du im nächsten Kapitel erfahren wirst.

Deshalb noch ein ganz wichtiger Hinweis für dein Gegenüber. Es geht nicht darum, dass dein Gegenüber dir sagt, wie schön dein Bauch oder deine Arme sind, wenn du deine Scham darüber zeigst. Es geht nicht um die Bewertung des Körperteils oder deines gesamten Körpers durch andere. Das ist ja genau das, was zur Scham geführt hat. Es geht darum, dass dich jemand als Mensch sieht, in deiner Scham, in deinem Schmerz und in der Trauer darüber, und bei dir bleibt. Der den Schmerz aushält und nicht schnell wegmachen will. Der dich weiterhin liebt und deinen Wert als Mensch nicht in Frage stellt. Der dich in deiner Ganzheit wahrnimmt und dir versichern kann, du bist richtig, genauso wie du bist. Unabhängig von deinem vermeintlichen Makel.

Wir wollen gesehen werden, mit allem, was ist. Mit allem, was an uns ist. Und mit all dem, was in uns ist.

Die Schriftstellerin Eva Maria Gutt hat das so wunderbar beschrieben: „Alles will gesehen werden. Einfach nur gesehen werden." In den Worten „Ich sehe dich mit deiner Wirklichkeit" liegt so viel Heilung.

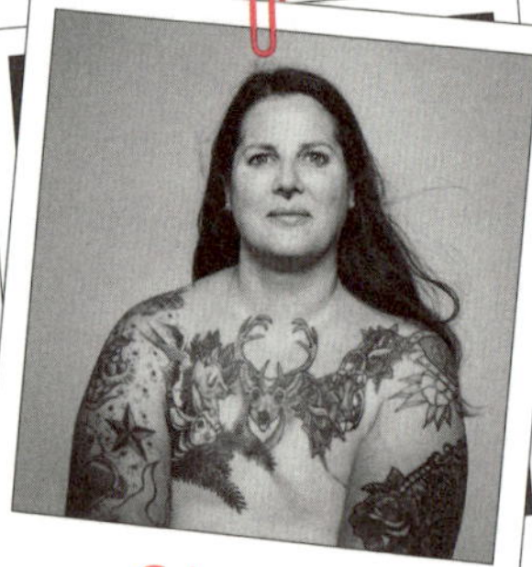

Grit Konrad

Ich bin Grit, 45 Jahre alt und verheiratet. Als Sozialarbeiterin betreue ich seit 18 Jahren psychisch kranke erwachsene Menschen.

2016 erkrankte ich im Alter von 39 Jahren an Brustkrebs. Ein sogenannter „Triple negativ Tumor" hatte sich, von mir unbemerkt, in meiner linken Brust eingenistet. Weil bei mir die BRCA1-Genmutation diagnostiziert wurde, habe ich beide Brüste abnehmen lassen – ohne Rekonstruktion. Seitdem laufe ich „oben ohne", sprich FLACH, durch diese Welt.

Kannst du dich noch erinnern, wann und wie du zum ersten Mal wahrgenommen hast, dass Körper unterschiedlich sind und Körper bewertet werden? Welche Bewertung gab es zu deinem Körper?

In meiner Kindheit und Jugend spielten Körperformen für mich überhaupt keine Rolle. Ich selbst war ein eher dünnes Kind und ein sportlicher Teenager. Dass ich mit Anfang 20 immer fülliger wurde, habe ich in erster Linie durch die Kommentare im Umfeld wahrgenommen. Und dann begann der Kampf gegen die Kilos. Ein elendiges Auf und Ab, das bis heute anhält. Durch die Krebserkrankung verschoben sich allerdings die Prioritäten und ich wollte einfach nur wieder gesund werden. Alles andere wurde zweitrangig. Mit der BRCA1-Diagnose musste ich mich von meinen Brüsten verabschieden und darüber nachdenken, ob ich einen Wiederaufbau wollte. Alle um mich herum hatten dazu eine Meinung. „Ganz klar! Natürlich lässt du dir neue Brüste machen!" Aber mein Bauchgefühl sagte „Nein!" Ich wollte und will kein Silikon in meinem Körper! Bin ich dadurch weniger Frau? Was macht Weiblichkeit aus? Warum lassen sich Frauen Silikon auf ein „Kriegsgebiet" pflanzen, in dem sie so gut wie nichts mehr spüren können? Macht man das für sich? Für andere? Für mich stand fest, ich will das nicht haben. Ich brauch das nicht. Entweder meine Brüste oder NICHTS!

Was hat dich in deinem Leben besonderen KörperMUT gekostet?

Nach der beidseitigen Ablatio musste ich vor dem ersten Gang in die Sauna schon tief ein- und ausatmen ... Auch enganliegende Shirts waren im ersten Sommer eine

Herausforderung. Ebenso empfand ich die ersten Besuche in der Gemeinschaftsdusche im Schwimmbad als Spießrutenlauf. Immer mit dem Rücken zu dem Rest der Besucherinnen oder mit den Armen vor der Brust wand ich mich wie ein Aal unter der Dusche.

Was war dabei deine größte Angst?

Das habe ich mich tatsächlich oft gefragt. Blicke können einem Angst machen. Ich nehme sie wahr und sie ärgern und / oder verletzen mich.

Wofür sollte ich mich schämen? Dass ich zu dick bin? Für meinen Bauch? Für meine Dellen in den Oberschenkeln. Oder für meine fehlenden Brüste?

Wie hast du den MUT gefunden, es trotzdem zu tun?

Mein Körper hat viel mitgemacht und er hat mir gezeigt, wie unglaublich stark er ist und was er alles aushalten kann. Ein Leben voller Arbeit, Krankheit, 16 Chemotherapien, mehrere Vollnarkosen und OPs, große Narben – and I'm still alive! YEAH!

Dadurch wuchs neues Vertrauen zu mir selbst. Wer mich nicht sehen will, soll wegschauen!

Würdest du sagen, du hast Frieden mit deinem Körper geschlossen?

Ich bin, was meine Brustlosigkeit angeht, mit mir im Reinen. Brustlos – aber nicht MUTlos!

Was mein Gewicht angeht, würde ich nicht unbedingt von „Frieden" sprechen. Ich muss mich wieder wohlfühlen. Das habe ich noch nicht erreicht.

Was siehst du, wenn du heute in den Spiegel schaust?

Ich bin beim Blick in den Spiegel nicht unkritisch mit mir. Ich sehe deutlich, was mir nicht gefällt. Aber ich sehe auch jede Menge Mut, Tapferkeit und Durchhaltevermögen. Ich weiß, wie stark ich sein kann.

Was möchtest du Menschen zurufen, die ihren Körper ablehnen und abwerten?

Das Leben ist zu kurz! Pack es bei den Hörnern und leg los!

Mehr zu Grit Konrad und Selbstbewusst ohne Brust erfahren? ↗ https://amsob.de

Warum andere uns beschämen

Seit jeher habe ich kräftige Oberarme, selbst in meinen kurzen sehr dünnen Zeiten. Als ich einmal mit zarten 20 Jahren und 55 Kilo in Holland beim Shoppen aus einer Umkleide heraustrat, fragte mich ein attraktiver junger Verkäufer „Boxt Du oder was machst Du?“ und zeigte auf meine Oberarme. Ich habe das Shirt zwar gekauft, aber nie ohne Strickjacke getragen. Mit der Zeit habe ich mich aus der Scham für meine kräftigen und sehr starken Oberarme wieder rausgearbeitet. Dabei hat mich mein Mann unterstützt, weil er es toll findet, dass ich so viel Kraft und Muskeln habe. Durch seinen anderen Blick auf meine Arme konnte auch ich einen neuen Blick auf sie wagen. Statt dem Schablonenblick „So haben weibliche Oberarme auszusehen“ konnte ich auf einmal Wertschätzung für das entwickeln, was ich mit der Kraft meiner Oberarme machen konnte.

Das hat dazu geführt, dass ich an meinen 33. Geburtstag sogar ein ärmelloses Kleid getragen habe und mich den ganzen Abend einfach frei und gut gefühlt habe. Bis mein Vater im Rausgehen sagte: „Und beim nächsten Mal ziehst du wieder was über die Arme, gell?!“

Die nächsten Sommer mit verdeckten Armen waren vorprogrammiert. Und bevor sich jetzt alle empört auf meinen Vater stürzen, will ich das Phänomen, was hier gegriffen hat, auch noch thematisieren.

Ich sagte ja bereits, dass meist Menschen, die selbst viel Scham und Schmerz zu einem Thema in sich tragen, andere genau an ähnlicher Stelle beschämen.

Mein Vater, der immer mit viel Disziplin gegen sich selbst und seine Gelüste gekämpft hat, um in die Schablone zu passen, konnte es wahrscheinlich kaum aushalten, dass ich dies nicht tat. Dass ich mich einfach so zeigte, wie ich bin und mich damit auch noch wohlfühlte.

Wahrscheinlich hat das seinen eigenen Schmerz getriggert und statt sich mit diesem auseinanderzusetzen, hat er getan, was im ersten Moment einfacher erscheint: Er hat das abgewertet, was seinen Schmerz auslöst. In diesem Fall mich und meine Oberarme.

Wir erleben Scham und Schmerz über die vermeintliche Unzulänglichkeit unseres Körpers, und für einen Moment können wir uns von diesem Schmerz und der Scham ablenken, indem wir andere Körper bewerten oder abwerten.

Ich habe ja berichtet, dass die Männer, die mich in der Schweiz so beschämt haben, sehr durchtrainiert, tätowiert und gepflegt waren. Ich gehe also davon aus, dass sie sich beide intensiv mit ihrem Körper beschäftigten, und zwar auf der Ebene der Selbstoptimierung. Ich stelle mir dann vor, dass sie vielleicht vor unserer Begegnung sehr hart im Fitness-Studio trainiert haben, möglicherweise aktuell auf Zucker verzichteten und den Eiweißgehalt ihrer Ernährung kontrollierten. Und dann sitze ich in der Bahn und bin einfach dick. In deren Kopf bin ich damit natürlich unsportlich, undiszipliniert und esse den lieben langen Tag genau das, worauf sie verzichten. Womöglich war einer von ihnen mal selbst etwas schwerer und arbeitete hart daran, es nicht mehr zu sein. All das entlud sich dann in der Bemerkung über mich und meinen Körper.

Ist das deshalb in Ordnung? Nein, auf keinen Fall! Habe ich Verständnis dafür? Nein, auch nicht. Kann ich mir herleiten, warum es passiert ist. Ja, das kann ich.

Bodyshaming ist ein gesellschaftliches Phänomen und kein Einzelschicksal. Und es gibt Menschen, die es bewusst einsetzen, um andere zu verletzen, zu beschämen und klein zu halten. Auch hier steckt meist Scham über den eigenen Körper, erfahrene Abwertung, Selbsthass und Wut über die vielen Schmerzen, die all das mit sich bringt, dahinter.

Der beste Schutz vor Bodyshaming ist also, sich mit der eigenen Scham auseinanderzusetzen. Die beste Möglichkeit, andere Menschen und Körper nicht mehr zu bewerten und zu beschämen ist: Setz dich mit deiner Scham und deiner Abwertung auseinander. Darin liegt die Heilung für dich und für die anderen.

Du weißt jetzt, wie du starten kannst. Vielleicht hast du auch schon eine Idee, wie du anfangen kannst, dich zu zeigen. Bitte sei sehr geduldig mit dir auf diesem Weg. Wenn wir ein halbes Leben mit Scham über uns verbracht haben, dann dauert es ein wenig, bis diese Scham sich löst.

Du wirst also des Öfteren mal über deine Oberarme – oder was immer es bei dir ist – sprechen und dich damit zeigen müssen, bis es langsam leichter wird und du dich mit ihnen anfreunden kannst. Erstmal geht es auch gar nicht darum, sie schön zu finden. Es geht nicht darum, dass es die besten Oberarme der Welt sein müssen. Es geht im ersten Schritt lediglich darum, dass du dich nicht mehr für deine Oberarme schämst und sie dich nicht mehr davon abhalten, den Sommer in vollen Zügen zu genießen – und dafür sollte man eben auch die Strickjacke ausziehen können.

Credit: © Ines Schäfer

Hallo, ich bin Kerstin Grüne – Style-Expertin für kurvige Business-Frauen, die sich mit ihren neuen WOW-Outfits kompetent, individuell und sexy fühlen und die Business-Bühne mit ihrer Ausstrahlung rocken. Mit meinem Onlineprogramm DIVA STATT DIÄT zeige ich Frauen, wie sie ihre Glaubenssätze über sich und ihren Körper loslassen und sich vom gängigen Schönheitsideal befreien und ihr neues selbstbewusstes und freies ICH leben, indem sie sich wohl, sexy, frei und bei sich angekommen fühlen. Durch meine langjährige Karriere als Designerin und Einkäuferin in der Modebranche habe ich ein sehr professionelles Auge für Proportionen und ein sicheres Gespür, welche Schnitte die Kurven perfekt umschmeicheln.

Kannst du dich noch erinnern, wann und wie du zum ersten Mal wahrgenommen hast, dass Körper unterschiedlich sind und Körper bewertet werden? Welche Bewertung gab es für deinen Körper?

Mit ca. sechs oder sieben Jahren. Ich wollte unbedingt Ballett machen, meine Mutter meinte, das sei nichts für mich, das sei nur etwas für dünne Mädchen.

Da der Körperbau, insbesondere die Beine, in unserer Familie (besonders bei den weiblichen Familienmitgliedern) immer im Fokus war und ich mit dem Satz: „Unsere Beine sind schlecht“ aufgewachsen bin, gab es so gut wie keine Wahl, MEINE Beine o.k. zu finden.

Diäten waren allgegenwärtig bei uns zu Hause. Meine Mutter machte meistens eine, und so war ich daran gewöhnt, Essen damit zu verbinden, dass man nicht einfach alles essen kann. Bzw. meine Interpretation war, dass ICH nicht einfach so etwas essen kann, sondern lieber aufpassen sollte. Mit ca. elf / zwölf Jahren habe ich meine erste Diät gemacht.

Was hat dich in deinem Leben besonderen KörperMUT gekostet?

Während der Schulzeit war ich in einer Tanz-AG und wir hatten eine Schulaufführung. Die Kostüme waren sehr knapp und wir mussten in einem Turnanzug (ohne Beine) tanzen. Also freier Blick auf meine Beine ... Ich hab's durchgezogen ... und war dann schlussendlich auch mit Foto, auf dem man mich komplett sah, in der Tageszeitung abgebildet. Das war ein krasser Sprung aus der Komfortzone ...

Was war dabei deine größte Angst?

Dass ALLE meine Beine sehen und über mich lästern und/oder mich auslachen.

Wie hast du den MUT gefunden, es trotzdem zu tun?

Ich liebe tanzen ... Ich habe dann durchgeatmet und mir gesagt: „Meine Beine sind ein Teil von mir“, habe alles andere ausgeblendet und ... dann mal los.

Würdest du sagen, du hast Frieden mit deinem Körper geschlossen?

JA! Ich habe aufgehört, mich zu vergleichen, und das ist so befreiend!

Was siehst du, wenn du heute in den Spiegel schaust?

Eine kurvige, weibliche, sinnliche Frau mit toller Ausstrahlung, die das Leben genießt und liebt!

Was möchtest du Menschen zurufen, die ihren Körper ablehnen und abwerten?

Seid liebevoll zu euch. Seid wohlwollend. Erkennt euren eigenen, wundervollen Kern und lasst ihn im Außen erstrahlen. Man muss nicht jedem gefallen, das Wichtigste ist, dass du dir gefällst und dich magst. Lege deinen Fokus auf deine Schokoladenseiten und begegne dir mit einem Lächeln. Du bist einzigartig, so wie du bist! Wenn wir alle gleich aussehen würden, dann wär's doch langweilig.

Mehr zu Kerstin Grüne erfahren? ↗ https://diva-statt-diaet.de

Schönheitsideal, Mediennorm & Modediktat

Woher kommt das eigentlich alles? Warum gibt es nicht dieselbe Mode für mich wie für schlanke Frauen? Warum müssen Models über 1,70 groß sein? Warum fühle ich mich schlecht, nachdem ich eine Frauenzeitschrift gelesen habe? Wie kann es sein, dass gerade in amerikanischen Serien die Menschen so makellos sind? Warum fällt es mir so schwer, Schönheit in mir zu entdecken? Warum finde ich immer alle anderen Frauen schöner als mich. Und warum setze ich „nicht schön sein“ auch sofort mit „nicht wertvoll oder liebenswert sein“ gleich?

Auf meiner Reise zu diesem Buch habe ich mir all diese Fragen gestellt und hier kommt meine Antwort darauf.

Unsere Marktwirtschaft ist darauf ausgelegt, dass wir konsumieren. Damit wir konsumieren, braucht es entweder einen wirklichen Bedarf (Ich habe Hunger, also kaufe ich mir etwas zu essen) oder aber, ich muss einen Bedarf auslösen, damit jemand etwas kaufen will. Das kann ich über Sehnsucht oder über Schmerz machen. Über Sehnsucht zu verkaufen, heißt zum Beispiel, tolle Bilder aus der Südsee abzubilden und dir damit den Mund so wässrig zu machen, dass du unbedingt eine Reise buchen willst. Das mache ich so lange, bis du nur noch an diese Reise denken kannst, dafür sparst und sie dann auch buchst.

Oder ich verkaufe über Schmerz und Angst. Dafür muss ich deinen Schmerzpunkt finden und dir dann sagen, wie du diesen Schmerzpunkt, die Angst, die Zweifel durch mein Produkt oder meine Dienstleistung wieder loswirst. Ich kann natürlich auch einen Schmerz, also ein Defizit kreieren, sprich auslösen, indem ich dir immer wieder zeige und sage, dass du eben nicht schlank, nicht jung, nicht straff, nicht schön, nicht muskulös, nicht optimal genug bist. Und zwar so lange und vehement, bis du glaubst, dass das die Wahrheit ist.

Am allerbesten – also für die Wirtschaft und den Verkauf – ist es, wenn ich Schmerz und Sehnsucht kombiniere und auf dieser Klaviatur täglich spiele. So dass du irgendwann keinen anderen Gedanken mehr fassen kannst.

Dass du wirklich glaubst, dass an dir nicht alles richtig ist. Dass du fest überzeugt bist, dass du nur mit dieser Creme, mit dieser Kur, mit diesem Fitnessprogramm endlich nicht mehr unzulänglich bist. Und dass es eine Lüge ist, dass du dich in einem mehrgewichtigen, alten oder nicht ganz funktionierenden Körper einfach wohlfühlen darfst. Dass du dir nur einredest, dass du auch ohne den perfekten Körper glücklich sein kannst. Dass Sex eben nur dann Freude machen kann, wenn du maximal schön und makellos dabei aussiehst. Dass es gar nicht sein kann, dass du einen Partner oder eine Partnerin findest, wenn du dich nicht selbstoptimierst.

Allein die Werbung einer großen Dating-Plattform reicht schon aus, um das zu glauben. Du weißt schon, die, bei sich alle paar Minuten jemand verliebt. Allein wenn ich mir die Models – männlich wie weiblich – anschaue, die auf den Plakaten gezeigt werden, dann habe ich doch als Durchschnittstyp überhaupt keine Chance, dort mein Glück zu finden.

Wir sehen das und denken uns bewusst vielleicht nichts dabei. Wer sehr reflektiert ist, sagt sich, ich kann schon Werbung vom richtigen Leben unterscheiden. Aber unterbewusst speichern wir das alles ab. Als Sehgewohnheit. Als Schablone. Und wir sehen diese Werbung ja nicht nur einmal, sondern immer wieder. An einer Litfaßsäule, auf einer Werbetafel am Bahnsteig, abends vor den Nachrichten und nochmal in unserem Social-Media-Feed.

Und so wird unser Unterbewusstsein immer mit denselben Bildern und Nachrichten gefüttert. So werden wir jeden Tag ein Stück mehr auf dieses Ideal programmiert. Jedes Mal erhalten wir noch mehr Futter dafür, beim Blick in den Spiegel nicht vor Glück zu jauchzen, sondern uns unzulänglich, unzufrieden und im schlimmsten Fall sogar hässlich und wertlos zu fühlen. Der Schmerz wird immer größer. Wir glauben immer mehr daran, dass das, was uns da täglich gezeigt wird, die ultimative Wahrheit ist. Wir schauen immer sehnsüchtiger auf diese Wahrheit und wünschen uns nichts mehr, als endlich auch dazuzugehören, zu entsprechen und damit glücklich, erfüllt und geliebt zu sein.

Und dann wird mit der nächsten Werbung wieder auf diesen angelegten Schmerzpunkt gedrückt und die Sehnsucht geschürt, und zack, kaufen wir.

Wir kaufen die nächste Zeitschrift, das nächste Pulver und das nächste Fitnessangebot. Und damit die falsche Wahrheit, dass mit uns etwas nicht in Ordnung ist. Dass das von der Wirtschaft, den Medien und auch der Modeindustrie erfundene Schönheitsideal der Maßstab für unser Wohlbefinden und für unser Körpergefühl ist.

Und dann verknüpfen wir dieses Ideal auch noch mit unserem Wert als Mensch. Wo das hinführt, weißt du bereits, wenn du schon mal aufgrund deiner äußeren Hülle an deinem Wert gezweifelt hast. Vor allem für uns Frauen ist das oft fest miteinander verknüpft. Das vergrößert den Schmerz und damit den Kampf und erklärt, warum wir glauben, Selbstoptimierung sei die einzige Chance, endlich Frieden zu finden. Und damit vergrößert sich wiederum stetig der Markt von genau den Produkten, die uns vorgaukeln, dass wir mit ihnen jetzt aber wirklich unsere Themen in den Griff bekommen.

Ich hoffe, du spürst, wie sich langsam etwas in dir bewegt. Wie du verstehst, dass dieses Schönheitsideal nicht dafür gemacht ist, dass wir uns schön fühlen, begehrenswert oder richtig. Dieses Ideal, diese Norm hat allein das Ziel, dass wir es NICHT erreichen und immer ein Stück unzufrieden bleiben. Damit wir weiterhin den Schmerz und die Unzulänglichkeit fühlen und dem nächsten Werbeversprechen glauben.

Du kannst jetzt und hier entscheiden, dies in Zukunft nicht mehr zu tun. Wenn du bereit bist, dann triff diese Entscheidung ganz klar. Vielleicht magst du es laut sagen oder dir aufschreiben? „Ich entscheide mich hier und jetzt, nicht länger dieser falschen Wahrheit zu glauben und davon mein Glück, meinen inneren Frieden und meinen Wert abhängig zu machen!“

Am besten hängst du dir auch noch irgendwo ein Post-it mit diesem Satz auf, um dich immer mal wieder an deine Entscheidung zu erinnern. Denkgewohnheiten sind mächtig. Du kannst sie dir vorstellen wie achtspurige Autobahnen im Gehirn. Die neuronalen Verbindungen, die wir über Jahre angelegt und gepflegt haben, sind mit der Entscheidung nicht direkt weg. Aber die Chance, einen neuen Weg anzulegen, entsteht und wächst mit dem Training. Das darf ich dir schon mal versprechen.

Es braucht Zeit und das richtige Handwerkzeug, aber eben auch die Entscheidung, jetzt wirklich einen neuen Weg zu gehen.

Zunächst ist wichtig, dass dir wie Schuppen von den Augen fällt, dass das, was dich in deiner Körperabwertung, in deinem dich nicht richtig Fühlen, in deiner Sehnsucht nach Schönheit gehalten hat, nicht du warst. Der klare Blick auf dich und deinen Körper wurde dir von einer Seh- und Denkgewohnheit verstellt, die uns allen seit Jahren antrainiert wird.

Sie wurde schon der Generation vor uns antrainiert. Mit dieser Brille haben schon deine Eltern auf dich geschaut. Deshalb hast du vielleicht schon früh erlebt, wie dein Äußeres bewertet wurde. Deshalb haben viele von uns immer wieder das Gefühl gehabt, mit uns ist etwas nicht in Ordnung. So wie wir sind, so wie wir aussehen, sind wir nicht richtig.

Jetzt wird auch klar, warum Menschen mit Behinderung oder einem sichtbaren Handicap so oft in unserer Gesellschaft unsichtbar sind. Weil sie überhaupt nicht oder viel zu wenig in Werbung, Medien und Mode gezeigt werden und stattfinden. Alles, was nicht dem klassischen Schönheitsideal und einem jungen, straffen und funktionierendem Körper entspricht, wird einfach ausgeblendet.

In Zeitschriften und Modekatalogen, in Filmen und Serien bekommen wir regelmäßig muskulöse, junge und attraktive Männer vorgesetzt und Frauen, die makellos, jung, straff und schlank sind. Schon allein mit meinen krausen Haaren habe ich wenig Möglichkeiten, mich zu identifizieren. Locken werden meist glattgebügelt. Wie oft haben mir andere Frauen schon ungefragt davon erzählt, dass sie eigentlich auch Locken haben und jetzt mit dem yxz-Glätteisen so glücklich sind. Das könnte ich ja auch mal ausprobieren. Dass ich meine Locken einfach mag, liegt offenbar völlig außerhalb ihres Vorstellungsvermögens.

Das gleiche gilt für mein Gewicht. In meiner Gewichtsklasse gibt es niemanden mehr in der Medienlandschaft, der positiv beschrieben oder gefeiert wird. Und falls du jetzt denkst, ach warte mal, da gibt es doch diese eine gefeierte dicke Sängerin. Ihr Name ist Beth Dito und wenn du mal genauer hinhörst, dann wirst du sehen, dass sie nicht für ihr Aussehen gefeiert wird. Die Botschaft lautet dann eher: „Wow, so viel Power und Selbstbewusstsein trotz des Übergewichts, das ist wirklich toll". Was glaubst du, wie es gefeiert würde, wenn Beth Dito auf einmal schlank wäre. Dafür würde es wahrscheinlich direkt einen Sonder-Grammy geben, einfach, weil sie auch endlich dem gängigen Schönheitsideal entspricht.

Die Medien propagieren dieses eine Schönheitsideal, und es funktioniert. Weil es schon so lange funktioniert, hinterfragen wir seinen Ursprung nicht, sondern glauben einfach, dass es so sein muss.

Stell dir nur mal für einem Moment vor, die Werbung, die Medien, das Kino und Fernsehen wären voll mit „normalen" Menschen, so wie du und ich. Mit all der Vielfalt, die wir auch in der Sauna sehen, in den Geschäften und wenn wir Lebensmittel einkaufen. Du könntest dich identifizieren, weil das Modell eine etwas krumme oder zu große Nase hat. Du könntest dich identifizieren, weil der Schauspieler im Rollstuhl sitzt, so wie du. Du würdest dich wiederfinden, weil der Promi auch gerade in den Wechseljahren ist und mehr Falten um die Augen bekommen hat. Du würdest erleben, dass jemand gefeiert und bewundert wird, der nicht gephotoshopt aussieht, sondern einen kleinen Bierbauch hat und keinen nennenswerten Bizeps.

Glaubst du, es würde etwas an deinem Selbstbild und Selbstwert verändern? Meinst du, du würdest dich auf einmal besser fühlen und wertvoller? Ich glaube es nicht nur, ich bin mir sehr sicher, dass es so sein würde.

2020 gab es auf Sat.1 die Sendung *No Body is perfect. Das Nacktexperiment*. Die Teilnehmer*innen und vier begleitende Coaches, u. a. Paula Lambert und Sandra Wurster, verbrachten einige Zeit auf einer griechischen Insel – und zwar nackt und vor laufender Fernsehkamera. Das Experiment, das Menschen dabei unterstützen sollte, sich in ihrer eigenen Haut wieder wohler zu fühlen, wurde von einer Studie begleitet, die zu folgendem Ergebnis kam:

Wenn man eine gewisse Zeit mit nackten Menschen verbringt, die einen „normalen" Körper haben, bewegt sich der Selbstwert signifikant nach oben. Schon nach ein paar Tagen trat der Effekt ein. Später wurden die Teilnehmer*innen zu Hause besucht und auch ihr Umfeld wurde befragt. Das Ergebnis war eindeutig: Alle waren gestärkt und mit einem deutlich besseren Selbstbild aus dem Experiment hervorgegangen.

Auch ich habe einen solchen Selbstwert-Booster schon erlebt, und zwar bei den Plus-Size-Fashion-Days von Tanja Marfo (Kurvenrausch) in Hamburg. Dort wurde Plus-Size-Mode gezeigt, mit wirklichen Plus-Size-Models. Ich saß mit meiner Schwester in der Show und schaute diesen Models dabei zu, wie sie stolz mit alle ihren Kurven über den Laufsteg liefen und gefeiert wurden. Mir sind nur noch Tränen runtergelaufen. Weil ich nie zuvor jemanden gesehen habe, der meine Statur hat und als Model mit tosendem Applaus belohnt wurde. An diesem Abend habe ich wieder ein Stück mehr verstanden: Es ist nicht wahr, dass ich nicht sein darf, wie ich bin, oder so nicht richtig bin. Wir sind es nur alle nicht mehr gewohnt, uns ohne die Brille des genormten Schönheitsideals zu sehen.

Ich habe auch mal versucht herauszufinden, warum es eigentlich so wenig schöne Mode für mehrgewichtige Menschen gibt. Dazu habe ich zwei Erklärungen bekommen.

Der erste Grund: Es ist einfacher, Mode für dünne und schlanke Menschen zu produzieren, gerade wenn auf Masse produziert wird. Menschen nehmen an ganz unterschiedlichen Stellen am Körper zu – der eine am Bauch, der andere an den Hüften und der dritte an den Armen. Deshalb müsste man mehrere Form-Varianten für ein und denselben Blazer anbieten.

Die Erstellung von Schnitten ist also komplexer, die Herstellung deshalb kostspieliger, der Stoffverbrauch größer und deshalb lassen viele Modelabels es einfach sein und ignorieren damit einen großen Anteil der Menschen in dieser Gesellschaft.

Der zweite Grund: Karl Lagerfeld hat sich mal klar dagegen ausgesprochen, Mode für dicke Menschen zu machen. Seine Meinung scheint immer noch Gesetz zu sein. Eine Designerin, die heute Mode für mehrgewichtige Menschen macht, erzählte mir auf den Plus-Size-Fashion-Days, dass Mode für große Größen auch heute immer noch als mega uncool unter den Modestudenten und angehenden Designern gehandelt wird.

Und Menschen, die sehr groß oder sehr klein sind, können bestimmt ebenfalls ein Lied davon singen, dass sie in die gängige Mode einfach nicht reinpassen.

Und deshalb bleibt es dabei, wir bekommen immer wieder dasselbe serviert und wundern uns, dass wir nicht reinpassen – weder in die Norm noch in die gängige Mode. Statt auszusteigen aus diesem Wahnsinn, steigen wir meist erstmal in die nächste Stufe ein: die Selbstoptimierung.

Credit: © Julia Santoso

Ich bin Anastasia Umrik aus Hamburg, wo ich als Autorin, Coach und Rednerin arbeite. Mich interessieren Krisen und die damit einhergehenden Phasen des Neubeginns, damit kenne ich mich sehr gut aus. Ich begleite Menschen in Zeiten des Übergangs: Wenn das Alte nicht mehr passt und das Neue noch nicht da ist.

Kannst du dich noch erinnern, wann und wie du zum ersten Mal wahrgenommen hast, dass Körper unterschiedlich sind und Körper bewertet werden? Welche Bewertung gab es für deinen Körper?

Ich fühlte mich als Kind recht wohl in meiner Haut, obwohl ich mich aufgrund der Muskelerkrankung kaum bewegen konnte. Erst als in der Pubertät jemand bei dem Spiel *Tat, Wahrheit oder Pflicht* sagte, er würde keine „Behinderte" küssen, sank mein Selbstwertgefühl in den Keller und blieb dort für viele Jahre. Ich habe dem Schönheitsideal noch nie entsprochen, und doch habe ich mich immer ganz unterschiedlich attraktiv gefühlt.

Was hat dich in deinem Leben besonderen KörperMUT gekostet?

Es hat mich sehr viel Kraft und Mut gekostet, mich dennoch zu zeigen, meine (individuelle) Schönheit nicht zu verstecken und kompromisslos zu mir selbst zu stehen. Es kostet mich noch immer Überwindung anzuerkennen, dass ich neben Frauen ohne eine sichtbare Behinderung mindestens genauso attraktiv bin und es keinen Grund gibt, mich zu verstecken.

Was war dabei deine größte Angst?

Ich hatte große Angst, als Erwachsene erneut abgelehnt oder negativ bewertet zu werden. Ich wollte nie in die Schublade „Behinderte", fühlte mich aber auch der gesellschaftlichen Erwartung, was es heißt, eine Frau zu sein, nicht gewachsen. Da beißt sich die Katze in den Schwanz.

Wie hast du den MUT gefunden, es trotzdem zu tun?

Ich lag eines Abends im Bett, da war ich Mitte zwanzig, und dachte: „Dein Leben düst an dir vorbei ... und du zweifelst und zweifelst und zweifelst ... Das muss aufhören!" Daraus folgte der Entschluss, endlich „so richtig" zu leben, was zur Konsequenz hatte, dass ich fortan auf die Meinung anderer „verzichtete". Schritt für Schritt wurde ich immer mutiger und selbstbewusster!

Würdest du sagen, du hast Frieden mit deinem Körper geschlossen?

Ja! Ich liebe meinen Körper inzwischen sehr. Ich habe eine wunderbare Nase und einen gut geformten Hintern, den zwar nur wenige sehen, weil ich überwiegend darauf sitze, aber es genügt mir, dass ich es weiß. Ich respektiere den Körper als den Tempel meiner Seele und achte ihn sehr, denn er leistet unheimlich viel für mich. Dank dieses Körpers kann ich meinen Wahnsinn ausleben und das tun, was mir in den Sinn kommt. Dafür kann ich doch nur dankbar sein!

Was siehst du, wenn du heute in den Spiegel schaust?

Eine wunderbare, sinnliche, lebensbejahende Frau! (Und während mir das bewusst wird, bin ich stolz, dass ich das endlich fühlen kann.)

Was möchtest du Menschen zurufen, die ihren Körper ablehnen und abwerten?

Egal, was dich an dir stört: Besser wird es nicht! Es wird für immer so bleiben! Ja, das hört sich hart an, und das ist es auch. Fühle die Enttäuschung darüber, trauere

über das, was sich niemals ändern wird. Aber dann beginne zu leben. So richtig. Wild und unersättlich, nach dem eigenen Rhythmus und nach deinem Gefühl. Das schuldest du dir und deinem Körper. Los geht's – das Leben wartet!

Mehr zu Anastasia Umrik erfahren? ↗ https://anastasia-umrik.de

Der Wahn der Selbstoptimierung

„Werde die beste Version deiner selbst." So oder so ähnlich lauten die Motivationssprüche, die wir alle jeden Tag auf Instagram, Facebook und anderen sozialen Kanälen zu lesen bekommen.

Die Weiterbildungsbranche beschäftigt sich mit dieser Idee und auch ich bin Teil dieser Branche. Ich glaube aber, es gibt einen großen Unterschied zwischen der Idee der Optimierung, die defizitorientiert ist und der von persönlichem Wachstum.

Wachstum und Entwicklung sind aus meiner Sicht menschliche Bedürfnisse, die aus uns heraus entstehen. Das Optimierungsdogma hingegen wird, wie das Schönheitsideal, künstlich erschaffen, um Industrie und Wirtschaft am Laufen zu halten. Es ist die Karotte, die uns vorgehalten wird und der wir nachlaufen sollen.

Wenn es um unseren Körper geht, glauben wir, die Optimierung bringt uns dahin, dass endlich der Schmerz aufhört und das Glück einsetzt. Die Idee ist, wenn es keine Makel mehr an unserem Körper gibt, dann wird alles gut. Niemand kann uns mehr beschämen oder deshalb nicht lieben. Anerkennung und Erfolg werden der Dank sein für unseren Optimierungswillen, die große Disziplin und die Entbehrung, die damit einhergegangen sind.

In Wahrheit wünschen wir uns, geliebt zu werden und beliebt zu sein. Wir wünschen uns Likes und Wertschätzung für uns, unser Aussehen und dafür, wer und was wir sind.

Bei manchen mag das sogar klappen. Da nehmen Menschen ab und bäääm, da kommt die große Liebe um die Ecke.

Jemand trainiert sich einen wohlgeformten Körper an und peng, kommt die große Karriere angeflogen.

Das kann sein, muss aber nicht. Es kann sein, dass deine große Liebe dich auch mit mehr Gewicht erkannt und sich in dich verliebt hätte.

Es kann sein, dass du den Job auch ohne deine Muskeln bekommen hättest.

Und es kann eben auch sein, dass du nichts von alledem bekommst, weil du dich leer fühlst und weil sich mit dem mehr an Muskelmasse dein eigener Blick auf dich selbst nicht geändert hat. Weil auch der schlanke Körper nicht dafür sorgt, dass du dich endlich schön und wertvoll findest. Weil jetzt auf einmal der nächste Makel dafür sorgt, dass du dir nicht gefällst. Vielleicht die Nase, weil sich dein Gesicht verändert hat, oder der Bauch, der jetzt hängt durch die Gewichtsabnahme oder was auch immer.

Also lässt du das noch „machen". Aber auch danach stellt sich irgendwie die versprochene Glückseligkeit nicht ein. Wenn es gut läuft, kommst du irgendwann zu der Erkenntnis, dass die äußere Optimierung ohne die innere Arbeit – persönliches Wachstum und das Heilen alter Wunden – keine Wirkung zeigt oder zumindest nicht die, die du dir so sehnlich gewünscht hattest.

Wenn es nicht so gut läuft, dann bleibst du in der Optimierungsschleife hängen. So wie einige Prominente, die wir aus den Medien kennen. Die mit dem natürlichen Alterungsprozess nicht klarkommen und so lange an sich rumschneiden, spritzen, ziehen und peelen lassen, bis nichts Natürliches mehr übrigbleibt. Sie werden zu einem tragischen Schatten ihres ehemaligen Selbst und sind oft nicht mehr erkennbar.

Einige Schauspieler*innen fangen schon sehr früh damit an, hier und da zu optimieren und schränken sich dabei in einem dringend für ihren Job benötigtes Handwerkszeug ein: in ihrer eigenen Mimik.

Eines ist bei allen von ihnen spürbar: Sie handeln aus einem gefühlten Defizit heraus. Sie schauen in den Spiegel und können es nicht ertragen, alt zu werden. Sie schauen in den Spiegel und finden sich nicht perfekt genug. Oder der Druck der Schönheits- oder Filmbranche ist so groß, dass statt des Spiegels andere Menschen ihnen sagen, dass sie mit einer kleineren Nase und dünneren Schenkeln größere Chancen auf den Durchbruch hätten als so, wie sie jetzt sind.

Sie handeln nicht aus einem starken Selbstwert oder aus Selbstfürsorge, sondern aus dem Gedanken, nicht (mehr) gut genug zu sein.

Wenn die Selbstoptimierungsmaschine einmal in Fahrt gekommen ist, ist sie nicht mehr so einfach zu stoppen. Weil wir nie perfekt genug sein werden. Weil die nächste Falte bereits wartet. Und weil wir eben mit aller Selbstoptimierung dieser Welt nicht automatisch Selbstliebe für uns spüren können. Und genau das ist der springende Punkt.

Wenn du dich selbst und deinen Körper nicht liebst, nicht wertschätzen kannst, dann wird auch noch so viel Selbstoptimierung dich keinen Schritt näher an deinen inneren Frieden bringen. Frag mal Menschen, die ganz viel abgenommen haben, ob die Selbstliebe ganz automatisch parallel zugenommen hat. Frag mal Menschen, die Schönheits-OPs gemacht haben, ob sie jetzt endlich zufrieden sind mit sich und ihrem Körper und sich gebührend wertschätzen und lieben können.

Ich erlebe es häufig so, dass zwar äußerlich das gewünschte Ergebnis da ist, aber sich daraus nicht automatisch eine neue Haltung zum Körper ergibt. Selbstliebe, Wertschätzung und das Erkennen der eigenen, individuellen Schönheit wollen sich trotzdem nicht einstellen. Es bleibt dabei, dass die Menschen weiterhin den Fokus auf ihre vermeintlichen körperlichen Makel legen und nach Perfektion streben, um sich dann endlich wertvoll zu fühlen. Und die nächste Runde der Selbstoptimierung wird eingeläutet.

Die Bestseller-Autorin Brené Brown hat in einem ihrer Vorträge mal gesagt, dass Perfektionismus nichts damit zu tun habe, dass wir einen hohen Anspruch an uns selbst oder die jeweilige Leistung haben, die wir möglichst perfekt meistern möchten. Vielmehr sei Perfektionismus eigentlich die Angst davor, was die anderen sagen könnten.

Wir wollen die perfekte Präsentation halten, damit niemand etwas finden kann, um uns zu kritisieren. Wir wollen das perfekte Essen für unsere Gäste kochen, damit niemand sagen kann, wir könnten nicht gut kochen.

Perfektionismus entsteht aus Angst. Das können wir spüren, wenn wir wirklich ganz ehrlich zu uns sind. Aber das sind wir ganz oft nicht. Und deshalb bleiben wir bei der Idee, wir möchten es eben „richtig gut machen" und „möglichst perfekt aussehen" und finden das dann vielleicht auch noch lobenswert. Insgeheim oder auch unterbewusst hoffen wir weiter, der möglichst perfekte Körper möge uns schützen vor dem, was die anderen über uns sagen. Vor dem Schmerz, den das auslösen könnte, vor dem Gefühl der Wertlosigkeit, und wir machen weiter mit der Optimierung.

Bei meiner Beschäftigung mit diesem Thema habe ich noch ein anderes Phänomen entdeckt. Es gibt sie natürlich, die sehr perfekten und dem Schönheitsideal entsprechenden Menschen. Aber selbst die finden oft etwas an sich, was ihnen nicht gefällt, was sie sich anders wünschen, und nicht selten fehlt auch ihnen Selbstliebe und Wertschätzung für ihre schöne Hülle. Das heißt, sie haben genau das, wonach alle anderen streben, können es aber nicht genießen, weil sie es selbst nicht wahrnehmen können. Was für ein Wahnsinn!

Im Grund genommen wünschen wir uns alle:

- dass wir uns selbst mögen und lieben, auch beim Blick in den Spiegel,
- dass wir uns selbst wertschätzen, mit allem was zu uns gehört,
- dass wir uns so wertvoll und liebenswert finden, dass wir nicht infrage stellen, dass wir eine gute Beziehung, einen tollen Job, ein wohlwollendes Umfeld und ein schönes Leben verdient haben.

Vieles hängt davon ab, wie wohl wir uns in unserem Körper fühlen, denn auch daraus speist sich unser Selbstwert als Mensch. Somit funkt der Körper, beziehungsweise unsere Bewertungen über unseren Körper, in alle Lebensbereiche hinein.

Auch wenn du die Selbstoptimierung jetzt gerade noch nicht loslassen kannst und schon das nächste Optimierungsangebot im Auge hast: Fang an, dich mit den Themen Selbstliebe und Körperfrieden zu beschäftigen. Du kannst zum Beispiel die äußere mit der inneren Arbeit ergänzen und der Idee der Selbstliebe ganz unabhängig von deiner Hülle schon mal eine Chance geben.

Frank Peters

Credit: © Uwe Klössing

Ich bin Frank Peters. Ich mache Power-Teams. Genauer gesagt: Ich arbeite als Trainer mit Führungskräften und deren Teams und sorge dafür, dass die Menschen im Team (wieder) mehr Freude am Miteinander gewinnen, zu einer produktiven Zusammenarbeit finden und so zu erfolgreichen Teams werden.

Ich liebe nicht nur meinen Job, ich liebe auch meine beiden Kinder, meine Frau, die Bühne des Improvisationstheaters und die des Redners. Und meine Wahlheimat Köln.

Kannst du dich noch erinnern, wann und wie du zum ersten Mal wahrgenommen hast, dass Körper unterschiedlich sind und Körper bewertet werden? Welche Bewertung gab es für deinen Körper?

Drei Erfahrungen rund um die Unterschiedlichkeit und Bewertung des Körpers habe ich bereits in der Grundschule gemacht.

Erstens: Obwohl ich der Jüngste in der Klasse war, gehörte ich zu den Größten (oder wie man heute sagt: zu den Längsten). Das fand ich gut, denn das half mir, im Sport (Fußball, Tennis, Laufen) erfolgreich zu sein. Erwachsene kommentierten meine Größe durchweg mit Begeisterung: „Du bist ja schon wieder gewachsen. Toll!“ Zweitens: Ich war nicht nur der Jüngste und der Größte, ich war auch das einzige Kind mit roten Haaren. Andere Kinder nahmen das zum Anlass, mich aufzuziehen oder sich über mich lustig zu machen. „Pumuckl“ war da noch eine harmlose Bezeichnung. Drittens: Ich wurde sehr schnell rot. Sobald ich mich in der Schule meldete und was sagte, veränderte sich meine Gesichtsfarbe. Wenn ich mich dann noch durch Bemerkungen der Lehrer*innen oder Mitschüler*innen verunsichern ließ, intensivierte sich der Rotton weiter. Auch das nutzten die Kinder um mich herum, um mich zu verspotten. „Tomate“ hörte ich oft.

Was hat dich in deinem Leben besonderen KörperMUT gekostet?

Ich kannte meinen Vater von (meinen) Kindesbeinen an nur mit Glatze oder besser mit diesem typischen Haarkranz, den er sich regelmäßig stutzen ließ. Ich hatte immer gehofft, bis ins hohe Alter mit vollem Haar gesegnet zu sein. Ich empfand es irgendwie als Makel, mit wenig Haar auf dem Kopf rumzulaufen. Das hatte auch was von Altsein, was ich nicht erstrebenswert fand. Und besonders ästhetisch fand ich das auch nicht.

Tatsächlich nahmen die Geheimratsecken in meinen Mittdreißigern immer mehr Platz ein und es wurde immer schwieriger, eine halbwegs annehmbare Frisur aus den verbleibenden Haaren zu zaubern. Der Haarrückgang schritt voran und mir wurde klar, dass das irgendwann gar nicht mehr gut aussehen würde. Auf Kaschieren durch Nachvornekämmen hatte ich auch nicht ewig Lust.

Anfang 2019 war ich auf einem Seminar, bei dem uns eine besondere Aufgabe gestellt wurde: „Mach etwas, das für dich eine große Herausforderung darstellt.“ Von einer großen Herausforderung hatte ich zunächst eine andere Vorstellung. Doch als ich abends vor dem Spiegel stand, war mir klar: Die Haare kommen ab. Ich hatte

Angst und gleichzeitig Bock drauf. Zack, nahm ich meinen Rasierer zur Hand, die Haare fielen in Büscheln auf den Boden. In wenigen Minuten waren sie weg, meine Haare. Wow! Das sah sogar ganz gut aus. Ungewohnt und auch irgendwie cool. Mit Herzklopfen ging ich am nächsten Tag in den Seminarraum. Einige merkten es anfangs gar nicht, andere fanden es einfach nur gut. Ich auch.

Was war dabei deine größte Angst?

Mir ist die Meinung anderer wichtig. Anerkennung ist für mich ein zentrales Motiv. Ich hatte deshalb die Sorge, mit Glatze als unattraktiv wahrgenommen zu werden. Vielleicht würde jemand einen blöden Spruch machen. Für mich war es auch irgendwie ein Gedanke von verloren zu haben. Es nicht geschafft zu haben, die Haare zu behalten. Das Eingeständnis des Scheiterns.

Wie hast du den MUT gefunden, es trotzdem zu tun?

Drei Gedanken haben mir dabei geholfen:
Erstens: Was soll schon passieren? Dann lasse ich die Haare eben wieder wachsen.
Zweitens: Ich bin selbst neugierig darauf, wie es aussieht. Vielleicht sieht es ja doch ganz cool aus.
Drittens: Ich nehme das jetzt in die Hand. Ich entscheide, was mit meinem Körper passiert und wie ich aussehe.

Würdest du sagen, du hast Frieden mit deinem Körper geschlossen?

Ja, das kann ich wirklich so sagen. Auch wenn ab und zu beim Blick in den Spiegel der Gedanke hochkommt: „Schön wär's schon, nochmal volles Haar zu haben."

Zur Wahrheit gehört dazu, dass es noch einige wenige Stellen an meinem Körper gibt, die ich ändern würde. Doch insgesamt bin ich beim Blick in den Spiegel im Frieden mit meinem Körper und auch ganz schön stolz auf ihn. Schließlich trägt er mich nun schon mehr als vier Jahrzehnte souverän durch dieses Leben und hat mir so viele schöne Erlebnisse, insbesondere im Sport (u. a. Marathonläufe), ermöglicht.

Was siehst du, wenn du heute in den Spiegel schaust?

Einen humorvollen, meist glücklichen, ziemlich coolen, hübschen, sportlichen starken Mann und Papa.

Was möchtest du Menschen zurufen, die ihren Körper ablehnen und abwerten?

Von zugerufenen Ratschlägen habe ich bisher wenig mitnehmen können. Ich würde lieber mit ihnen reden, ihre Geschichte hören und ihnen meine Geschichte erzählen, wenn sie möchten.

Eine Erkenntnis, die mir auch sehr geholfen hat:
„Ich entscheide. Ich entscheide in jedem Moment meines Lebens, ob ich mich gerade ablehnen oder anerkennen will. Ich entscheide."

Mehr zu Frank Peters erfahren? ↗ https://www.frank-peters.de

Selbstoptimierung versus Selbstfürsorge

In meinen Mutmuskeltraining®-Seminaren hängt immer ein Plakat mit der Aufschrift: *Der wichtigste Mensch in Deinem Leben bist DU!*

Und jedes Mal, manchmal schneller, manchmal dauert es einen Moment, passiert das Gleiche: Jemand im Raum hat ein Problem mit dieser Aussage.

Damit das Seminar gut weitergehen kann und ich das Plakat nicht abhängen muss, erkläre ich dann den Unterschied zwischen Selbstliebe beziehungsweise Selbstfürsorge und Egoismus. Gut für uns selbst zu sorgen, unsere Bedürfnisse, Träume und Wünsche ernst zu nehmen und manchmal eben auch etwas zu leben, was nicht alle toll finden, das ist Selbstfürsorge. Sie ist wichtig für jeden von uns und liegt eben auch in der eigenen Verantwortung.

Wenn wir gut für uns selbst sorgen, dann können und wollen wir meist auch gut für andere Sorgen. Denn dann sind wir in unserer Kraft und können unsere Gaben und unsere Aufmerksamkeit gut teilen. Ohne Selbstfürsorge besteht immer die Gefahr, dass wir ausbrennen, und dann können wir weder für uns noch für andere sorgen. Nicht umsonst heißt es bei den Sicherheitshinweisen im Flieger: *Bitte legen Sie erst selbst die Sauerstoffmaske an und versorgen Sie dann erst Ihre Kinder oder andere Passagiere.*

Soweit so klar. Wann aber wird Selbstfürsorge zu Egoismus? Ich glaube nie. Für mich entsteht Egoismus aus einer ganz anderen Motivation heraus, nämlich aus dem Defizit „Ich bekomme zu wenig." Dann wollen wir unbedingt, dass alle nach unserer Pfeife tanzen, wir möchten keinen Kompromiss mehr eingehen, es soll jetzt genauso sein, wie wir es brauchen oder uns wünschen. Wir sind nicht bereit, dem anderen zuzuhören, denn jetzt sind wir dran mit unserer Geschichte. Wir wollen die gesamte Aufmerksamkeit. Wir wollen jetzt gesehen werden.

So ein Verhalten entsteht eher, wenn wir uns eben nicht um uns selbst kümmern und die Verantwortung für unsere Fürsorge an andere abgeben. Deshalb ist für mich ein möglicher Grund für Egoismus: Jemand hat sich jahrelang nicht um seine eigenen Bedürfnisse gekümmert, das Fass ist irgendwann übergelaufen und er oder sie können und wollen jetzt wirklich nur noch für sich gehen und blenden alle anderen aus.

So einen feinen, aber wichtigen Unterschied gibt es für mich auch bei der Frage „Was ist reine Selbstoptimierung und was gehört zur Selbstfürsorge?"

Wenn ich mich auf so manchem Social-Media-Kanal umschaue oder erfolgreichen Menschen zuhöre, dann findet sich in diesen Empfehlungen auch viel Selbstoptimierung. Hier noch ein bisschen Schlaf sparen für die Morgenroutine, damit ich noch erfolgreicher werde. Morgens nur trinken, damit der Körper entschlacken kann und schlank bleibt. Yoga und Meditation sorgen für Fokus und einen biegsamen Körper. Verstehe mich bitte nicht falsch, das sind alles keine falschen Dinge, aber es kommt auf die Motivation an, aus der heraus wir sie machen.

Mir tut es gut, eine Routine zu haben – wunderbar! Ich merke, wenn ich erst später frühstücke, bin ich konzentrierter und kann besser in den Tag starten – dann: Go for it! Dann scheinen genau diese Dinge gut für dich und deinen Körper zu sein und fallen damit in die Kategorie Selbstfürsorge.

Wenn wir sie aber nur machen, um immer noch besser, schneller, dünner, muskulöser und erfolgreicher zu werden, weil wir sonst vor uns selbst nicht bestehen können, dann hängt gewaltig etwas schief. Dann wird die Morgenroutine auf einmal zum heiligen Gral, ohne den wir wieder nicht richtig sind. Wir laufen mit einem ständigen Defizit herum, was wir nur durch noch mehr Disziplin in Schach halten können.

So können plötzlich all diese Dinge, die wir tun, um unser Leben zu verbessern, ganz schwer werden. Dann will sich das gute Gefühl, welches wir damit erreichen möchten, plötzlich nicht mehr einstellen. Also stellen wir den Wecker noch eine halbe Stunde früher und fügen der Meditation und dem Yoga noch eine kleine Laufrunde hinzu. In der großen Hoffnung, dass das hilft. Dass wir uns dann endlich gut fühlen. Diszipliniert. Wertvoll. Erfolgreich.

Oft geht der Schuss nach hinten los. Viele Prominente oder auch Influencer, die aus der Optimierungsspirale ausgestiegen sind, berichten, dass man das im schlechtesten Fall so lange betreiben kann, bis eben irgendwann nichts mehr geht. Weil wir unseren Körper und uns selbst damit unter Stress setzen, wenn wir es aus der falschen Motivation heraus machen. Weil ein ständiges „Ich mache es, um damit xyz zu erreichen“ Druck erzeugt.

Auf einem Seminar habe ich mal eine Übung mit einem jungen Mann gemacht, der mir stolz berichtete, dass er pro Nacht nur noch 3 Stunden schläft. Um das zu erreichen, musste er eine sehr klare Tagesstruktur einhalten und immer wieder zwischendurch einen kleinen Power Nap machen. Auf meine Frage, warum er das mache, sagte er: „Damit ich das Maximale aus meinem Tag rausholen kann!“ Damit er Zeit für seinen Sport hatte, für Unmengen an Weiterbildung und für die richtige Ernährung, damit er genug Energie und Zeit für den ungeliebten Job hatte, den er aber gerade noch nicht aufgeben konnte. Zusätzlich verbrachte er jede freie Minute auf Seminaren, um immer noch mehr Wissen anzuhäufen. „Und eines Tages werde ich mich auch selbständig machen“, sagte er mit leuchtenden Augen, „aber bis dahin mache ich das so weiter.“ In unserem Gespräch wirkte er sehr angestrengt, während des Seminars musste er immer wieder kurz schlafen gehen und dennoch sind ihm immer mal wieder die Augen zugefallen. Auf mich wirkte das alles andere als freudig und hatte wenig mit einem Leben aus vollem Herzen zu tun.

2019, nach meinem Erlebnis in der Schweiz, habe ich einen Vertrag mit mir geschlossen. Ich habe mir selbst versprochen, keine Diäten mehr zu machen, keinen Sport, nur um das schlechte Gewissen im Zaum zu halten, oder irgendwelche Pillen, Schüßlersalze oder Tees zu mir zu nehmen, die irgendwie den Stoffwechsel anregen sollen und mich schlank machen.

Trotzdem habe ich seit April 2020 eine tolle Physiotherapeutin, die als meine Personal Trainerin jede Woche Sport mit mir macht. Seit Anfang diesen Jahrs springe ich regelmäßig jeden Abend 20 Minuten auf meinem Trampolin. Und seit ein paar Wochen trinke ich morgens Zitronenwasser und esse erstmal eine Weile nichts.

Die Personal Trainerin tut mir, meinem Körper und meiner Gesundheit total gut. Ich habe über die Art und Weise, wie sie mich trainiert, endlich meine Bewegungsfreude wiederentdeckt und mich ins Kettle Bell Training verliebt. Das macht mir so viel Spaß, dass ich die Dinger mittlerweile überall im Haus liegen habe und immer mal wieder zwischendurch ein paar Übungen damit mache.

Das Trampolin hilft mir, abends runterzukommen und jeden Tag ausreichend Bewegung zu haben. Auch das merke ich gesundheitlich enorm.

Das Zitronen-Wasser trinke ich, weil ich mich gerade mit Lebergesundheit beschäftige und verstanden habe, was dieses wunderbare Organ alles für mich tut und wie ich es relativ einfach unterstützen kann.

Früher hätte ich all diese Dinge auch gemacht, aber eben nur, um endlich meine Fülle „in den Griff“ zu bekommen, damit die Pfunde schmelzen und ich endlich schlank werde. Dass das nie geklappt hat, wissen wir ja.

Heute mache ich all diese Dinge, weil sie mir Freude machen, während ich sie mache, UND weil ich spüre, wie gut sie mir tun. Punkt. Es gibt keinen weiteren Grund. Deshalb bin ich auch nicht enttäuscht, dass mein Gewicht sich durch den Sport nicht verändert hat. Ich erwarte weder durch das Zitronen-Wasser noch durch das Trampolin irgendetwas anderes, außer dass ich spüren kann, dass es mir und meinem Körper gut tut.

Und genau das ist der Unterschied zwischen Selbstfürsorge und Selbstoptimierung. Auf den ersten Blick wirkt es ziemlich ähnlich, es können genau dieselben Dinge sein, die wir tun, aber die Motivation und das WARUM dahinter unterscheiden sich. Und genau das macht den Unterschied. Denn es entscheidet, ob etwas zur Entspannung, zur Freude und zur Lebensqualität beiträgt oder eben Stress macht, den Druck erhöht und am Ende sehr anstrengend für uns wird. Und uns dann oft auch enttäuscht zurücklässt, weil wir trotz aller Disziplin nicht das Resultat erzielen, das wir uns so sehnsüchtig wünschen.

Ich hoffe, dieses Kapitel regt dich an, für dich, deinen Körper und deine Gesundheit Sorge zu tragen. Uns zu bewegen, unseren Körper mit viel frischer Luft und Wasser zu versorgen und natürlich mit gutem Essen ist die Basis, dass es uns gut geht und wir möglichst gesund leben können.

Natürlich gehören die guten Gedanken über uns selbst und unseren Körper genauso zur Selbstfürsorge, wie regelmäßig Pausen zu machen oder sich gut zu pflegen. Es gibt so viel, was wir für uns tun können und es braucht im Wesentlichen immer zwei Dinge für den Erfolg: Das wir es uns zu trauen und dass wir Freude daran haben.

Zur Inspiration kommt hier für dich mal eine Liste meiner Lieblings-Selbstfürsorge-Aktivitäten:

- Regelmäßig in meine Fass-Sauna gehen.
- Mich so viel, wie ich Lust und Zeit habe, zu bewegen.
- Abends meine Füße eincremen und mich bei ihnen bedanken.
- Düfte einsetzen, um mich zu entspannen, Gas zu geben oder mich zu fokussieren.
- Auf meinem Trampolin abrocken und den Tag von mir abschütteln.
- Immer, wenn es irgendwie klappt, einen Mittagsschlaf machen.
- Mir hochwertige Lebensmittel leisten und viel Selbstgekochtes essen.
- Einmal am Tag in Stille sitzen, in mein Journal schreiben, eine Tarot-Karte ziehen, räuchern.
- Mindestens alle zwei Monate ein paar Tage nur mit mir verbringen.
- Meine Kettle Bell zu schwingen und dabei meine Kraft zu genießen.
- Gedankenhygiene zu betreiben, mir sabotierende Gedanken bewusst machen und sie durch positive ersetzen.

All diese Dinge mache ich, weil ich dankbar für mich, dieses Leben und meinen kraftvollen Körper bin. Früher sind mir viele der Dinge schwergefallen.

Sauna war schwierig, wegen meines Übergewichts. Regelmäßig Sport war schwierig, weil ich mich als Versagerin gefühlt habe, weil ich ja immer noch dick war. Regelmäßig Zeit für mich zu nehmen war schwierig, weil ich mich zur Höchstleistung angetrieben habe. Wenn ich schon nicht schlank bin, dann doch bitte wenigstens sehr erfolgreich. Damit bloß keiner denkt, ich wäre faul und hätte keine Disziplin.

Seitdem ich den Optimierungsgedanken gestrichen habe und einen liebevollen Umgang mit meinem Körper pflege, hab ich auf einmal viel mehr Energie für all diese Sachen. Ohne schlechtes Gewissen. Ohne ein Ziel erreichen zu wollen. Einfach nur, damit ich mich rundum wohl und gut fühle. Und ehrlich gesagt habe ich auch einfach Bock, gesund alt zu werden. Meine heimliche Rentenphantasie? Dass ich noch mit 80 auf Bühnen stehen und über KörperMUT sprechen darf. 😊

> ***Selbstfürsorge ist gelebte Selbstliebe!***

Auf der Zuschauerbank

Für mein Mutmuskeltraining® habe ich ein wunderbares Bild entwickelt. Es motiviert mich selbst und auch meine Teilnehmer*innen auf Seminaren und meine Zuhörer*innen bei Vorträgen, das Mutmuskeltraining® wirklich in den Alltag zu integrieren. Damit es irgendwann zu einer Haltung wird, wie wir dem Leben begegnen und ein Leben aus vollem Herzen führen.

MUT bedeutet, sich wirklich in die Arena des Lebens zu trauen, ohne Maske und mit offenem Visier. Es bedeutet eben nicht, auf der Zuschauerbank sitzen zu bleiben, sondern dass wir uns trauen, uns wirklich zu zeigen. In unserer vollen Größe. Mit all unseren Talenten, Gaben, mit unseren Erfolgen und unserer Großartigkeit. Aber eben auch mit unseren Schattenseiten, den Defiziten und den Wunden, die jeder Mensch nun auch mal hat.

Es bedeutet, dass wir uns immer wieder erlauben, alles auszuprobieren und zu erleben. Und wenn wir hinfallen, uns eben auch zu erlauben, wieder aufzustehen und es einfach nochmal zu versuchen.

Ich bin überzeugt, dass eine solche Haltung größtmögliche Freiheit zulässt. Denn sie baut nicht darauf auf, einen Teil von uns zu verstecken. Sie baut nicht darauf auf, nicht scheitern zu dürfen. Sie baut nicht darauf auf, dass wir eine Rolle spielen müssen.

Diese Haltung lädt uns ein, mutig den ganz eigenen Weg zu gehen und uns wirklich zu trauen, als Mensch sichtbar zu sein, Großes zu wagen und das eigene Leben zu erleben und zu gestalten.

Was ich aber leider beobachte, ist, dass viele von uns auf der Zuschauerbank sitzen bleiben. Dass sie sich nicht auf die Bühne trauen, weil sie zu alt, zu jung, zu dick sind oder im Rollstuhl sitzen. Dass wir uns nicht an den Strand trauen, weil der Bauch zu dick, der Körper zu alt und die Scham zu groß ist.

Dass wir uns fragen, ob wir diesen Job wirklich machen können oder ob doch die Zweifel gewinnen, die wir ständig füttern, weil wir uns nicht so richtig gut genug fühlen. Dass viele in der Selbstständigkeit – gerade Frauen – nicht sichtbar werden, keine Videos machen und nicht in den sozialen Medien durchstarten, weil sie sich dazu nicht attraktiv genug fühlen.

Und so bleibt all das, was wir sind und können, einfach im Schatten, unsichtbar, und wir warten auf der Zuschauerbank, bis wir endlich gut genug sind. Bis wir uns endlich schön genug fühlen.

Ich selbst habe bis vor zwei Jahren viele Sommer meines Lebens auf der Zuschauerbank verbracht, inklusive Strickjacke. Diesen Sommer war ich schon öfter in der Arena des Lebens. Ich habe alleine am Bodensee Urlaub gemacht, inklusive schwimmen und sonnen. Ich bin ohne BH shoppen gewesen. Wenn es mir warm war, habe ich ein Sommerkleid ohne Ärmel getragen. Auch für mich braucht es immer wieder eine Portion MUT, diesen neuen Weg zu gehen. Ich weiß durch mein Mutmuskeltraining®, dass es jedes Mal ein Stück leichter wird, die Strickjacke auszuziehen und die Sonne auf der Haut zu genießen.

Ich kenne nur zu gut das Ergebnis, wenn wir diesen MUT nicht trainieren. Wir lassen das Leben von der Zuschauerbank aus an uns vorbeiziehen. Oft hält uns der Glaube auf der Bank, dass wir hier zumindest vor den Bewertungen der anderen geschützt sind. Die Wahrheit ist aber, dass du dort mit deinen eigenen Bewertungen, deiner eigenen Abwertung und deiner Scham sitzt, und der entkommst du selbst auf der Zuschauerbank nicht.

Was du ja mittlerweile weißt, ist, wie sich die Scham besonders dann gut breit machen kann in deinem Leben, wenn sie keiner sehen kann. Es hilft also nichts, außer aufzustehen und uns einen Schritt in die Arena des Lebens zu wagen. Und dann zu erleben, dass es dort viel spannender, freudiger und schöner ist.

Anastasia Umrik, eine wirklich inspirierende und mutige Persönlichkeit, die du bereits aus ihrem KörperMUT-Interview kennst, hat mal auf Instagram in einem Post geschrieben. „Mut ist manchmal, nur den dicken Zeh ins Wasser zu halten und dann trotzdem die Pommes im Freibad zu essen."

Ich wünsche mir von Herzen, dass wir alle nach und nach den MUT finden, von der Zuschauerbank aufzustehen. Und wenn der MUT noch nicht für die Arschbombe mit Anlauf reicht, dann wenigsten für den dicken Zeh. Die Pommes danach geht auf mich!

Credit: © Inga Sommer

Anja Niekerken, manische Autorin, begeisterte Mutter eines fast erwachsenen Sohnes, passionierte Leserin, ambitionierte Vortragsrednerin, engagierte Hundetante, Ex-Ponymädchen, Dienerin eines ordinären Hauskaters, praktizierende Ehefrau und bekennende Bauchträgerin.

Kannst du dich noch erinnern, wann und wie du zum ersten Mal wahrgenommen hast, dass Körper unterschiedlich sind und Körper bewertet werden? Welche Bewertung gab es für deinen Körper?

Nicht so ganz genau. Aber ich kann mich an einen Urlaub erinnern, in dem eine hyperschlanke Freundin mit uns unterwegs war. Ich war gerade 16 geworden. Meine Figur war ganz anders, obwohl ich auch schlank war. Einer der Jungs, die wir kennenlernten, nannte mich fett, was mich sehr verunsicherte. Rückblickend betrachtet war das völliger Blödsinn. Ich war 1,69 m groß und wog 55 kg ...

Kurz danach ging ich für ein Jahr nach Amerika und nahm 30 Kilo zu. 20 verlor ich später wieder, aber mein Bauch blieb, und das war mir lange sehr unangenehm. Auch in schlanken Phasen hatte ich einen kleinen Rettungsring und dachte, ich könnte keinen Bikini tragen.

Was hat dich in deinem Leben besonderen KörperMUT gekostet?

Tatsächlich habe ich dazu kein konkretes Referenzerlebnis. Bis vor ein paar Jahren bin ich immer mit eingezogenem Bauch rumgelaufen und hätte niemals einen Bikini getragen. Ich hatte mir das Baucheinziehen so antrainiert, dass die obere Bauch- bzw. Rippenmuskulatur immer unter Spannung stand. Erst durch Yoga habe ich bemerkt, dass ich gar nicht in der Lage war, tief in den Bauch zu atmen. Ich falle immer noch in den Baucheinzieh-Modus zurück und muss dann einige Male ganz bewusst in den Bauch atmen, um wieder loszulassen.

Was war dabei deine größte Angst?

Grundsätzlich hatte ich immer Schiss, dass Menschen nur auf meinen Körper bzw. auf meinen Bauch schauen und denken: „Die hat sich nicht im Griff." Alles im Griff zu haben war lange Zeit wahnsinnig wichtig für mich. Karriere, Familie, meine Hobbys: Ich war überall gut bis sehr gut, aber meinen Körper hatte ich nicht so im Griff. Dachte ich zumindest. Dass ich nicht alles im Griff haben muss und auch nicht kann, das habe ich erst im Lauf der Zeit gelernt. Vor allem, dass es gar nicht darum geht, seinen Körper „im Griff" zu haben. Was für ein unglaublich unsinniger Gedanke.

Wie hast du den MUT gefunden, es trotzdem zu tun?

Bis heute würde ich keinen Bikini tragen. Aber nicht mehr aus dem Grund, weil ich mich für zu dick halte oder Angst habe, mich nicht im Griff zu haben. Bikinis sitzen einfach scheiße. Sobald man ins Wasser springt oder durch die Wellen tobt, verabschieden sich grundsätzlich die Oberteile. Im Badeanzug, oben ohne oder gleich ganz nackt – all das ist da wesentlich praktischer. Das gefällt mir besser. Und nackt im Meer baden ist eh das Größte. Kann ich sehr empfehlen. Mut hat mich das nicht gekostet, denn es gab nicht den einen Schlüsselmoment. Es war eine Entwicklung mit vielen kleinen Schritten.

Würdest du sagen, du hast Frieden mit deinem Körper geschlossen?

Ja, denn mein Körper ist nichts mehr, was ich im Griff haben muss. Mein Körper ist mein Seelengefäß, welches es meiner Seele erlaubt, dieses wunderbare Leben zu leben. Ich mache Sport, weil er mir Spaß macht, weil er mich entspannt und weil er mein Seelengefäß pflegt.

Was siehst du, wenn du heute in den Spiegel schaust?

Ich schaue gar nicht mehr so oft in den Spiegel. Vor allem stehe ich nicht mehr seitlich mit eingezogenem Bauch vor dem Spiegel. Ich habe das vor ein paar Wochen mal wieder gemacht, habe gelacht, den Kopf geschüttelt und mich wieder frontal (nackt) vor den Spiegel gestellt und war völlig neutral. Das klingt komisch, war aber ganz wunderbar, denn es war die wertfreie Akzeptanz dessen, was ist.

Was möchtest du Menschen zurufen, die ihren Körper ablehnen und abwerten?

Das finde ich sehr schwierig, denn nach meiner Wahrnehmung sind die Gründe, den eigenen Körper abzulehnen, so individuell wie die Menschen selbst. Ich kann nur weitergeben, was ich für mich gelernt habe und vielleicht können ja ein paar Leser*innen etwas damit anfangen: Auch wenn wir in einer sehr optisch geprägten, leistungsorientierten Gesellschaft leben, Zufriedenheit hat nichts mit dem zu tun, was man von außen sehen kann. Äußerlicher Erfolg, egal in welcher Form, macht weder glücklich noch zufrieden. Wertfrei zu akzeptieren, was ist, ist für mich immer der erste Schritt. Wenn man das schafft, dann stellt sich eine ruhige Zufriedenheit ein oder sie ist nur noch einen Steinwurf entfernt.

Mehr zu Anja Niekerken erfahren? ↗ https://www.anjaniekerken.de

Liebe hat keine Bedingung

Irgendwann habe ich mal verstanden, dass es uns allen letztlich um das Gleiche geht. Wir gehen nur manchmal komische Wege oder machen den ein oder anderen Umweg, um dort anzukommen.

Es geht immer um Liebe.

Wir wollen lieben und geliebt werden.

Wir wollen sicher sein, dass wir liebenswert sind.

Wir wollen das Leben lieben und von ihm zurück geliebt werden.

Wir wollen, dass andere Menschen uns wertschätzen und uns anerkennen. Wir wollen vielleicht eine liebevolle Partnerschaft und von unserem Liebsten oder unserer Liebsten begehrt werden.

Denn Liebe ist das, weshalb wir hier sind. Liebe ist das, wonach wir uns alle sehnen. Und Liebe ist das, was wir oft nicht zu bekommen glauben, wenn wir nicht den perfekten Körper haben. Denn wir fühlen uns nicht liebenswert in diesem Körper. Wir reden und denken schlecht über unseren Körper und verwehren uns selbst die Liebe, nach der wir uns so sehr sehnen. Wir hoffen, sie im Außen zu bekommen, dabei fehlt sie uns im ersten Schritt im Inneren.

Als ich noch fest angestellt als Geschäftsführerin für einen kleinen Einkaufsverbund tätig war, hatte ich eine Mitarbeiterin. Eine junge, blonde, sehr schöne und sehr schlanke Frau. Sie entsprach dem gängigen Schönheitsideal zu 99,9 %. Damals haben „solche" Frauen noch ganz schön viele Knöpfe bei mir gedrückt, denn sie haben all das verkörpert, was ich nie war und mir immer gewünscht habe.

Wir haben oft unsere Mittagspause miteinander verbracht und so konnte ich viele Male beobachten, wie Frauen und Männer auf meine Kollegin reagiert haben. Eines Tages habe ich sie mal darauf angesprochen und sie gefragt, wie das eigentlich für sie ist, wenn sie immer so angestarrt wird, die Männer ihr so zu Füßen liegen und die Frauen sie kritisch beäugen. Ihre Antwort werde ich nicht vergessen. Sie hat gesagt:

„Ach, ich blende das einfach aus, wenn ich so angestarrt werde. Aber was mich wirklich traurig macht, ist: Wenn ich einen Raum betrete, sehen sich alle Frauen sofort in Konkurrenz mit mir und niemand findet mich sympathisch. Meist werde ich als dumm abgestempelt und völlig unterschätzt. Ich muss ganz schön ackern, um überhaupt mit anderen Frauen in Kontakt zu kommen. Und die Männer starren mich an und wollen mich. Aber was ich mir eigentlich wünsche, ist, dass jemand hinter meine Schönheit, meine Hülle blickt und meine Seele erkennt, meine wahre Größe und wer ich wirklich bin. Auf den warte ich noch."

Ich nenne das den Schmerz der schönen Frauen, aber das gilt natürlich gleichermaßen für alle anderen Geschlechter. Mir hat es damals die Augen geöffnet und ich habe aufgehört, neidisch auf andere Frauen zu sein.

Mir wurde klar: Egal wie unsere Hülle aussieht, jeder hat ein Schicksal und eine Herausforderung, und die sind meist von außen nicht erkennbar. Ich habe zum ersten Mal verstanden und gespürt, dass uns Schönheit auch nicht wirklich hilft, das zu bekommen, was wir uns so sehnlich wünschen. Nämlich gesehen zu werden, mit allen Facetten und Anteilen. Mit Körper, Geist und Seele. Ohne Bedingung geliebt zu werden.

Über die Jahre habe ich mich mit vielen Menschen zu diesem Thema unterhalten und habe noch ein Phänomen festgestellt: Auch Menschen, die dem Schönheitsideal entsprechen, können ihre Schönheit oft gar nicht sehen, sondern sind genauso im Zweifel, wie alle anderen auch. Sogar Models und Schauspieler berichten von einem schlechten Selbstwert, vom nie perfekt genug sein oder sie sehen da Makel, wo gar keine sind.

Sie tragen dieselbe Abwertung in sich wie alle anderen, nur vermutet es niemand, weil sie äußerlich perfekt wirken. Erst bei tieferen Gesprächen und Kontakten scheint auf einmal durch, dass diese Menschen sich selbst völlig anders sehen als die Welt um sie herum.

Damit wird das ganze Streben nach Schönheit und perfekten Körpern für mich noch absurder: Die, die den perfekten Körper NICHT haben, werten sich ab und können sich nicht annehmen, wie sie sind. Die, die einen perfekten Körper HABEN, werten sich auch ab und können ihre Schönheit nicht sehen. Die anderen, die einen perfekten Körper HABEN, können zwar sich selbst lieben, wünsche sich aber ein Gegenüber, das sie nicht nur wegen ihrer Hülle liebt.

Fazit: Form, Größe, Beschaffenheit und Funktionen deines Körpers sind gar nicht relevant, wenn es um das geht, was wir alle wollen. Da bleibt die Frage: Warum machen wir es uns so schwer? Und warum ist in unserem Kopf und in unserem Herzen die Idee so tief verankert, wir müssten erst noch straffer, dünner, optimaler, größer oder jünger aussehen, bevor wir uns diese Liebe einfach schenken dürfen.

Mir haben die folgenden Gedanken geholfen:

Falls du Kinder hast oder wie ich Nichten, dann frag dich mal, ob deren Erscheinungsbild irgendetwas mit deiner Liebe zu ihnen zu tun hat. Wir haben Erwartungen an Menschen und Beziehungen, aber die Liebe – vor allen zu unseren eigenen Kindern – ist an keine Bedingung geknüpft.

Wir schauen uns nicht unsere Kinder an und sagen, schade, mit der Nase wird es echt schwierig, dich zu lieben.

Wir schauen nicht unsere Liebsten an und lieben weniger, wenn jemand älter, dicker, dünner oder krank wird.

Wir wachen nicht glücklicher neben einem Menschen auf, nur weil er perfekt aussieht.

Natürlich geht es zu Beginn einer romantischen Beziehung darum, ob wir für den anderen attraktiv sind. Aber das hat in der Regel gar nicht so viel mit Aussehen zu tun, wenn wir mal genau hinschauen, warum wir uns in der Vergangenheit verliebt haben.

Sicherlich kennst du das auch: Jemand betritt einen Raum und haut dich rein äußerlich total um. Wow, Brad Pitt, oder wen auch immer du schön findest, schaut dich aus seinen wunderschönen Augen an. Ihr kommt ins Gespräch und dann stellt sich heraus, er wählt AFD, findet, Frauen gehören in die Küche und versteht nicht, warum Köln die tollste Stadt Deutschlands ist (das ist jetzt meine ganz persönliche Horrorvorstellung, du kannst deine No-Gos einfügen). Zack, auf einmal macht die schöne Hülle gar nix mehr mit dir. Du findest diesen Typen namens Brad einfach nur schlimm und wunderst dich, warum alle anderen von seinen Augen schwärmen.

Genauso ist es mir schon ganz oft gegangen. Ich liebe es, wenn Menschen interessant erzählen können, reflektiert und souverän sind, charmant und humorvoll, und wenn sie dann noch gerne tiefgründige Gespräche führen und sich mit allem zeigen, was sie ausmacht. Dann interessiert mich deren Hülle nicht die Bohne. Ich finde diese Menschen super attraktiv, weil das Gesamtpaket stimmt. Ich könnte nicht mehr sagen, ob das Gesicht symmetrisch ist, der Bauch dick oder dünn, die Frisur schön oder worauf wir ansonsten so achten. Ich kann nur sagen: Wow, so ein toller Mensch, anziehend, charmant, inspirierend – davon will ich mehr.

Wir sind so viel mehr als der Körper, den wir haben, und das, was uns ausmacht, ist unsere Einzigartigkeit. So lange wir immer wieder die Schleife von „Ich würde mich ja lieben, wenn …" drehen, bleiben wir stecken und kommen keinen Schritt weiter.

Aber die Liebe ist kein Geschäft. Kein Tausch. Nur dann lieber Körper, wenn du xyz machst oder bist, dann liebe ich dich. Dass das nicht funktioniert, nicht funktionieren kann, das wissen wir im Grunde genommen. Aber wir hängen in dieser Schleife fest und finden irgendwie den Ausgang nicht mehr.

Mit diesem Buch möchte ich dir zeigen, wie du aus der Nummer wieder rauskommst. Bei jedem Wort, das ich schreibe, bei jedem Satz ist mein Antreiber und mein größter Wunsch, dass es bei dir irgendwann KLICK macht und du auf einmal erkennst, welcher Illusion du aufgesessen bist.

Und jedes Wort, das ich für dich schreibe, schreibe ich gleichermaßen auch für mich. Denn auch ich darf mich jeden Tag wieder daran erinnern, dass diese Illusion ständig weiter gefüttert wird. Von Medien, Werbung, Mode und all den Industrien, die daran verdienen, dass wir weiter in der Schleife hängen bleiben.

Ich bin Bianka und arbeite als (Organisations-)Coach und Doula in Hamburg. Vor eineinhalb Jahren bin ich Mutter geworden.

Kannst du dich noch erinnern, wann und wie du zum ersten Mal wahrgenommen hast, dass Körper unterschiedlich sind und Körper bewertet werden? Welche Bewertung gab es für deinen Körper?

Ich bin 1,86 cm und war immer die Größte in der Klasse. Viele Jungs fanden mich zu groß. Ich fühlte mich nicht süß, nicht liebenswert und latschig, da ich immer sehr schlank war.

Im Jugendalter gab es junge Männer, die meine Körpergröße als attraktiv bewerteten. Ich fing nun an, die andere Seite der Medaille zu sehen. Allerdings wanderte mein Fokus auf meine Brüste, die ich (proportional zu meinem Körper) viel zu klein fand. Ich habe immer BHs mit Push-Einlage getragen und wenn ich ohne BH vor dem Spiegel stand, war ich oft traurig über dieses „zu wenig haben".

Was hat dich in deinem Leben besonderen KörperMUT gekostet?

Erst als ich schwanger wurde und schließlich mein Kind bekam, wurde mir klar, was für ein grandioses Instrument mein bis dahin so ungeliebtes Körperteil ist.

Ich beschäftigte mich mit der Funktion „Brust" und merkte: Meine Brüste sind zwar klein, aber absolut gesund und stillfähig. Ich entwickelte einen unglaublichen Stolz, dass ich meinem Kind auf so wunderschöne Weise nicht nur Nahrung, sondern auch eine ganz besondere Form der Zuwendung und Nähe schenken kann. Die Scheu habe ich komplett abgelegt und stille unser Kind, wo immer ich bin / wir sind. Ich fühle überhaupt keine Scham, weil ich für mich selbst erkannt habe, worin die wahre Größe meiner Brüste liegt.

Was war dabei deine größte Angst?

Meine größte Angst war, dass ich meinem Partner mit dem, was ich habe, nicht gefalle bzw. nicht genug bin.

Wie hast du den MUT gefunden, es trotzdem zu tun?

Durch die Hausgeburt unserer Tochter und das Erleben der natürlichsten Sache der Welt bin ich mir selbst eine ganze Portion nähergekommen. Ich kann mich jetzt selbst lieben und damit auch den Menschen in meinem Leben viel inniger und freier begegnen.

Würdest du sagen, du hast Frieden mit deinem Körper geschlossen?

Ja, das fühlt sich ganz ehrlich so an. Ich vergleiche nicht mehr, zumindest fällt es mir nicht mehr so auf. Durch die Schwangerschaft und Geburt habe ich jede Spur dieser Zeit dankbar schätzen gelernt. Ich sehe nicht mehr genauso aus wie vorher und fühle mich dennoch viel wohler in meiner Haut. Wie kann das sein? Es ist so, als sei ich individueller geworden, sodass sich das Vergleichen nicht mehr lohnt. Gelohnt hat sich das auch vorher nicht, aber da hatte ich es noch nicht mit Leib und Seele erfahren.

Was siehst du, wenn du heute in den Spiegel schaust?

Ich sehe eine große Frau, die trotz ihrer Größe zart sein darf. Die Zartheit darf sich in Stimme, Gefühl, Brust und vielem mehr ausdrücken. Gleichzeitig sehe ich eine Frau, deren Augen neugierig funkeln und dem Leben mit großer Freude begegnen.

Was möchtest du Menschen zurufen, die ihren Körper ablehnen und abwerten?

Besonders Müttern möchte ich zurufen: Ihr seid einzigartig und wunderschön, mit jeder Unebenheit, mit jedem vermeintlichen Makel. Eure Körper erzählen Geschichten.

Ihr seid wie eine japanische Schale, die erst als wertvoll und schön angesehen wird, wenn sie in tausend Scherben zersprungen ist. Japanische Künstler fügen sie dann zusammen und füllen die Risse mit einer Mischung aus Klebstoff und Blattgoldflocken. Erst jetzt seid ihr wirklich ganz, und zwar auf ganz individuelle Weise.

Die Chance auf Frieden

Viele Jahre habe ich damit verbracht, mich nicht nur für meinen Körper zu schämen, sondern mich auch noch schuldig zu fühlen, weil ich es nicht geschafft hatte, endlich abzunehmen beziehungsweise wenn doch mal, dann das niedrige Gewicht auch zu halten.

Dieser Gedanke hat mich völlig vereinnahmt. Dass es für mich eine Chance auf Frieden mit meinem Körper geben kann, auf diese Idee bin ich gar nicht gekommen. Dass ich das annehmen darf, was gerade nun mal ist, ohne es zu bewerten. Dass sich über diese Annahme auf einmal alles in mir entspannt und ich beginne, mich in mir wohlzufühlen, unabhängig davon, was die Waage an diesem Tag anzeigt. Dass ich Frieden spüren kann, wohlig, warm und ruhig.

Irgendwann ist mir schmerzlich bewusst geworden, dass ich so viele Jahre in meinem Körper gewohnt, mich aber darin nie zuhause gefühlt habe. Mein Scham-Schuld Cocktail – die Gedanken an mein Gewicht, mein Dicksein, daran, was andere über mich denken und sagen – hat das ganz und gar unmöglich gemacht.

Mit der Chance auf Frieden ist es genauso wie mit der Liebe. Im Grunde genommen ist es eine Entscheidung.

Die Entscheidung, nicht mehr so weiterzumachen. Die Entscheidung, jetzt einen anderen Weg einzuschlagen. Die Entscheidung, wieder unser Herz zu öffnen und das zu spüren, was eigentlich schon die ganze Zeit da war, immer da ist und auf uns wartet, ganz geduldig.

Du verdienst diese Chance, dein Körper verdient diese Chance.

Jetzt musst du nur zugreifen und dich darauf einlassen. Und keine Sorge, du bekommst noch ganz viel Futter für diesen Weg von mir.

Bist du entschlossen, dir und deinem Körper diese Chance zu geben? Wirklich Frieden zu schließen? Dich wieder ein Stück in dich selbst zu verlieben? In den wunderbaren, einzigartigen und wertvollen Menschen, der du bist?

Um dann mit viel KörperMUT in die Welt zu treten und dein Leben so zu gestalten, wie du es dir wünschst, ohne dich von dem Gedanken abhalten zu lassen, dass das mit deinem Körper leider nicht möglich ist?

Wenn das so ist, dann bist du fest entschlossen, diese Entscheidung zu treffen. Und damit du dich jeden Tag an deinen Entschluss erinnerst, habe ich dir ein Manifest vorbereitet. Eine Art Vertrag, indem du dir selbst noch mal genau diese Dinge versprechen kannst und deine getroffene Entscheidung untermauern kannst.

Denn deine Entscheidung ist immer der erste Schritt in eine gelingende Veränderung.

Du kannst dir das Dokument „Mein KörperMUT-Manifest" einfach runterladen, ausfüllen und ausdrucken und am besten natürlich sichtbar hinhängen. Damit du dich jeden Tag wieder daran erinnerst, dass du Frieden mit dir und deinem Körper verdient hast.

Bist du bereit?

MEIN NEUES KörperMUT-MANIFEST

Ich ______________________ entscheide mich jetzt, Frieden mit meinem Körper zu schließen und verspreche mir selbst:

- ♥ *Einen liebevollen Umgang mit meinem Körper zu pflegen.*
- ♥ *Meinen Körper bedingungslos anzunehmen und zu lieben.*
- ♥ *Das Wunder anzuerkennen, das mein Körper ist.*
- ♥ *Neue Denk- und Sehgewohnheiten zu trainieren.*
- ♥ *Mich für Selbstfürsorge statt für Selbstoptimierung zu entscheiden.*
- ♥ *Ein Leben aus vollem Herzen zu führen und mich in die Arena des Lebens zu trauen – mit Anlauf, Arschbombe und Pommes!*

*Wenn du Dankbarkeit
und Wertschätzung
für deinen Körper kultivierst,
ist die Selbstliebe nur noch
ein paar Schritte
entfernt!*

Exkurs: So geht Veränderung

Bevor wir jetzt zu den 7 Prinzipien für mehr KörperMUT, vielen Impulsen und guten Übungen für dich kommen, hier noch schnell ein kleiner Exkurs.

Vielleicht bist du schon länger in Sachen Persönlichkeitsentwicklung unterwegs und hast schon einige Dinge in deinem Leben erfolgreich verändert. Dann kannst du gerne dieses Kapitel überspringen. Aber vielleicht bist du auch ganz neu in diesem Feld unterwegs und hast zum ersten Mal zu einem solchen Ratgeber gegriffen. Dann können ein paar Fakten und Zusammenhänge zum Thema Veränderung an dieser Stelle hilfreich sein. Zum Beispiel, warum Veränderung uns Menschen manchmal so schwerfällt, was unser Gehirn damit zu tun hat und wie sie trotzdem gut gelingen kann.

Und wer jetzt denkt: Wie, Veränderung? Wir sollen doch aufhören, uns zu optimieren, oder? Ja, stimmt UND in dem Fall ist genau das die Veränderung. Mit der Optimierung aufzuhören, sich und andere nicht mehr abzuwerten, die Scham loszulassen, sich zu zeigen – das ist eine große Veränderung. Vor allem, wenn du lange Zeit auf der Zuschauerbank des Lebens gesessen hast. Wenn du nicht sichtbar warst, dir Dinge nicht zugetraut und dich in der letzten Reihe versteckt hast.

Es ist eine große Veränderung, neue Gedanken über sich selbst zu etablieren und zu pflegen. Es ist eine Riesenveränderung, sich selbst liebevoll zu behandeln und wertzuschätzen. Und diese Veränderung führt dazu, sich im Außen anders zu verhalten.

Ich habe mich früher oft nicht getraut, in der Öffentlichkeit zu essen, nochmal zum Buffet zu gehen, wenn ich noch Hunger hatte oder zum Beispiel im Restaurant etwas Besonders zu bestellen. Ich habe versucht, mich in Sachen Essen sehr unauffällig zu verhalten, damit bloß keiner denkt: Warum muss die Dicke jetzt noch was essen?

Das hat mich sehr unfrei gemacht und mich vor allem in geschäftlichen Kontexten sehr gestresst – eben bei allen Veranstaltungen, sogar in der Mittagspause und vor allem bei Geschäftsessen.

Meist gibt es große Überraschungen und Geschenke auf dem Weg zur Selbstliebe, weil wir, wenn wir erst mal losgehen, auf einmal merken, wie oft wir etwas nicht gemacht, uns nicht getraut oder nicht für möglich gehalten haben, weil wir so mit den Gedanken an unseren Körper beschäftigt waren.

Damit du wirklich gut gerüstet auf diesen Weg gehst, erkläre ich es dir etwas genauer.

Unser Gehirn verbraucht ca. 20 % der Energie, die uns an einem Tag zur Verfügung steht. Damit es nicht noch mehr davon verschlingt, ist unser Gehirn sehr gut im Energiesparen. Es legt für alle Handlungen und Verhaltensweisen, die wir mehrmals ausführen, Muster und Programme an. Vielleicht kannst du dich noch daran erinnern, wie es war, als du Autorfahren gelernt hast. Am Anfang war es noch komplex und anstrengend. Da gab es das Programm Autofahren in deinem Gehirn noch nicht und dein gesamtes System musste ordentlich ackern, sich bewusst konzentrieren und jede Menge Energie dafür aufwenden. Je öfter du gefahren bist, umso einfacher wurde es, denn dein Gehirn hat die Abläufe automatisiert und als Programm gespeichert. Das nennt man dann auch den Autopiloten oder eben das Unbewusste.

Dieses System ist an sich großartig, denn stell dir mal vor, jede Autofahrt würde sich anfühlen wie die erste. Aber es bringt auch viele Nachteil mit sich, dazu gleich mehr.

Unser Gehirn hat noch eine zweite Eigenschaft, die wir kennen sollten, damit wir verstehen, was der Veränderung gern mal im Weg steht. Es möchte grundsätzlich den Status-Quo erhalten, weil Neues immer das Potenzial in sich trägt, gefährlich zu sein. Unser Gehirn möchte uns vor allen Dingen in Sicherheit wissen, sprich unser Überleben sichern. Es kann grundsätzlich immer wieder neue Programme anlegen (Neuroplastizität), ist aber quasi nicht scharf darauf, das zu tun.

Damit haben wir zwei große Gegenspieler, wenn es darum geht, etwas Neues zu lernen: den Bewahrer und den Energiesparer. Das macht sehr viel Sinn fürs Autofahren, Kaffeekochen oder Sprachen und Musikinstrumente lernen. Für Veränderungen oder um Neues auszuprobieren und große Träume zu realisieren, leider nicht.

Damit wir unser Leben nicht ausschließlich im Autopiloten verbringen und uns verändern und entwickeln können, gibt es unser Bewusstsein. Jegliche Art von Veränderung startet immer in dem Moment, in dem dir bewusst wird, dass etwas für dich nicht (mehr) hilfreich ist.

Vielleicht kennst du diese Momente der Klarheit und Bewusstwerdung schon. Dann weißt du auch, dass dieser Moment alleine leider noch keine Gewohnheit verändert, sondern dass damit das Umlernen und Trainieren erst beginnt.

Nachdem uns unser Verhalten und der damit verbundene Veränderungswunsch bewusst geworden sind, gibt es noch einen wichtigen Schritt, den wir leider manchmal vergessen: Ganz bewusst unsere Entscheidung treffen!

Eine Entscheidung ist mehr als ein vages „O. k., ich versuch's mal, mal schauen, ob das klappen kann." Das können wir abkürzen: Mit einem halbherzigen „Mal sehen" wird es bei einem halbherzigen Versuch bleiben. Wenn es keine klare Entscheidung gibt, dann kannst du dir das Losgehen ehrlich gesagt auch sparen.

Deshalb gab es im letzten Kapitel das KörperMUT-Manifest für dich zum Runterladen. Deine Entscheidung ist also zunächst mit vier Arbeitsschritten verbunden: Code scannen, Dokument ausdrucken, Name reinschreiben, aufhängen.

Solltest du noch nicht bereit sein, diese durchzuführen, dann möchte ich dich trotzdem ermutigen, das Buch weiterzulesen. Denn dann hoffe ich einfach, dass eines der nächsten Kapitel dich überzeugen wird und deine Entscheidung nur noch ein paar Seiten entfernt ist.

Denn wenn die Entscheidung einmal getroffen und im besten Fall visualisiert ist, kann es losgehen mit der Chance auf eine nachhaltige Veränderung.

In unserem Fall geht es darum, vor allem Denk- und Sehgewohnheiten zu verändern, um so nach und nach andere, neue Dinge an uns wahrnehmen zu können und uns dann auch anders in unserem Körper zu fühlen. Natürlich leiten sich daraus auch andere Verhaltensweisen ab, weil wir uns anders wahrnehmen und uns auf einmal andere Dinge trauen.

Wir werden daran arbeiten, die unbewussten Gedanken, die es einfach so in uns denkt, weil wir sie schon so oft wiederholt haben, ganz bewusst durch neue Gedanken zu ersetzen. Dazu findest du in den nächsten Kapiteln ganz konkrete Übungen und Affirmationen.

Eine deiner Aufgaben wird sein, jeden Tag wieder zu entscheiden, dass du diesen alten Gedanken nicht mehr glauben möchtest. „Ich entscheide mich, ab heute anders über meinen Körper zu denken und zu sprechen. Ich übernehme die Verantwortung für meine Gedanken, Gefühle und Handlungen."

In der Coachingbranche nennt man das Mindset-Arbeit. Viele sind sich sicher, dass die Veränderung der Gedanken und der Glaubenssätze die Voraussetzung dafür ist, dass neue Handlungen überhaupt möglich werden. Wir können damit Weichen stellen, um eine neue Sichtweise auf uns und unseren Körper zu ermöglichen, und natürlich auch andere Dinge in unserem Leben verändern.

Soweit die Idee. Aber, wie so oft, gibt es auch in diesem Punkt ganz unterschiedliche Lehren und Standpunkte. Ein Spruch der Anonymen Alkoholiker besagt:

"It's easier to act your way into a new way of thinking than to think your way into a new way of acting."

Frei übersetzt heißt das: Du kannst schneller durch Handlungen dein Denken positiv verändern als über dein Denken deine Handlung.

Für dieses Buch fahre ich deshalb, wie auch in meinen Mutmuskeltrainings-Programmen, zweigleisig: Ich lade dich ein, an deinem Mindset zu arbeiten und gleichzeitig kleine neue Handlungen auszuprobieren. So können sich nach und nach neue Verknüpfungen in deinem Gehirn bilden, neue Gedanken werden gefestigt, neue Handlungen können gefeiert werden und verankern sich so nochmal besser.

Das alles nenne ich die Trainingsphase, sie braucht freundliche Disziplin und ein bisschen Durchhaltevermögen und führt mit der Zeit ganz sicher zu einer neuen Haltung zu dir und deinem Körper. Zu einer Haltung, die sich aus neuen Gedanken speist und dann neue und andere Gefühle auslöst. Damit werden dann auch andere Handlungen möglich und die wiederum führen natürlich auch zu anderen Ergebnissen.

Und bääm, schon hast du es geschafft! Die Veränderung ist zu einer neuen Routine geworden, dein Gehirn hat neue Muster und Programme angelegt und dann denkt es auf einmal ganz automatisch in dir: „Wow, was habe ich denn für einen wunderbaren Körper, der mich so toll durch dieses fabelhafte Leben begleitet!"

So geht Veränderung. Auf dem Papier liest sich das ganz easy-peasy, die Umsetzung braucht allerdings schon ein bisschen Engagement, und deshalb ist die klare Entscheidung für diesen Weg am Anfang so wichtig. Sonst bleibt irgendwann die Motivation auf der Strecke und wir wählen die alte Autobahn im Gehirn, weil die neue noch nicht fest installiert ist und einfach zu viel Energie und Kraft braucht.

Damit das nicht passiert, habe ich dir das Ganze noch mal in eine schöne Übersicht gepackt und natürlich gibt es diesen kleinen Exkurs zur Veränderung auch noch als Download. Damit wirklich nichts mehr schief gehen kann auf diesem Weg.

Exkurs – So geht Veränderung!

Bewusstheit

Du steigst aus dem Autopiloten aus und dir wird bewusst, welchen Mustern und Glaubensätzen du bisher gefolgt bist. Diese Muster und Glaubenssätze bestimmen dein Verhalten und auch die Ergebnisse, die du erzielst.

Entscheidung treffen!

Du entscheidest dich jetzt ganz aktiv und bewusst, etwas zu verändern und setzt dir damit ein neues Ziel. Diese Entscheidung bestätigst du jeden Tag, gerne mehrmals.

Trainingsphase: Mindset & Action

Du fängst an, neue Gedanken und Sehgewohnheiten zu kultivieren. Je öfter du dies tust, umso mehr glaubst du dir auch emotional diese neuen Gedanken und dein Blick auf die Welt verändert sich.

Du probierst immer wieder neue Handlungen aus, genau die Handlungen, die zu deinen neuen Gedanken und Sehgewohnheiten passen. Du erlebst, dass die kleinen Schritte gelingen und traust dich an größere Schritte heran.

Veränderung gelungen

Du hast neue Denk- und Sehgewohnheiten kultiviert, die einen anderen Blick auf dich und die Welt möglich machen. Du hast neue Handlungen ausprobiert. Das alles hat dazu geführt, dass sich deine Haltung nachhaltig verändert hat und du andere Ergebnisse erzielst.

So kannst du dich immer wieder erinnern und abgleichen, wo du gerade stehst. Bist du noch fleißig am Trainieren? Hast du bereits eine neue Haltung entwickelt? Oder hast du vielleicht am Anfang doch nicht wirklich eine Entscheidung getroffen und eierst deshalb auf dem Weg rum und hast das Gefühl, bei dir klappt es nicht?

Ich kann ein Lied singen von diesen nur halbherzig getroffenen Entscheidungen. Ich habe nämlich auch sehr lange nicht ernsthaft diese Entscheidung getroffen. Ich habe immer nur so getan als ob, und zwar vor mir selbst. „Ja, ich will mich wirklich lieben lernen und alles an mir annehmen, was ist, ABER es wäre schon schön, wenn dann zeitgleich auch ein paar Pfunde auf dem Weg verloren gehen.“ Und dann habe ich mir vorgestellt, wie ich ganz stolz erzähle, dass, nachdem ich meinen Körper lieben gelernt habe, einfach das Übergewicht von mir abgefallen ist. Dabei ist es dann geblieben. Und ich bin keinen Schritt weitergekommen. Dazu musste ich erst in der Schweiz in eine Bahn steigen, um dann anzufangen, an diesem Buch zu arbeiten. Erst da habe ich die Entscheidung wirklich getroffen und konsequent an meinem Mindset gearbeitet, Übungen ausprobiert, mich immer wieder mit meinem Körper verbunden und mit all den wunderbaren Dingen, die er mir in diesem Leben ermöglicht. Kraftvoll sein. Mich selbst erleben. Tanzen. Meinen Mann und meine Nichten umarmen. Auf Bühnen stehen. Reisen. Gras unter den Füßen spüren.

So hat sich nach und nach dann meine Haltung zu mir und auch zu anderen Körpern nochmal verändert – aber wie gesagt, auch bei mir ist immer noch Luft nach oben. Also, lass uns gerne diesen Weg gemeinsam weitergehen.

Wenn du jetzt merkst, dass du die Entscheidung zwar treffen willst, aber es nicht wirklich kannst, weil du noch zu sehr festhältst an deinen gewohnten Bewertungen, Glaubenssätzen und Sehgewohnheiten, dann habe ich dafür auch eine Lösung für dich. Auch hier heißt die Lösung Annahme. Voll und ganz JA!

dazu zu sagen, dass du gerade die Entscheidung noch nicht treffen kannst.

Du lernst diese Übung auf den nächsten Seiten kennen und sie kann helfen, genau die Dinge wirklich anzunehmen, die da sind. So wie du vielleicht die Entscheidung noch nicht treffen kannst, obwohl ein Teil von dir sich so sehr danach sehnt, endlich in Frieden zu kommen. Anzunehmen, dass die Angst noch zu groß ist, alles was du bis jetzt über deinen Körper gedacht hast, wirklich loszulassen und dich zu trauen, nochmal ganz neu zu entscheiden, was du zukünftig denken willst. Anzunehmen, dass du Angst hast, was mit deinem Körper passiert, wenn du den Optimierungsgedanken loslässt. Anzunehmen, dass du Sorge hast, wie die Welt dir begegnet, wenn du dich wirklich so annimmst, wie du bist.

Nimm dir diese Zeit und bewerte dich nicht dafür. Und wisse: Ich kann dich so gut verstehen. Diese innere Arbeit zu machen, ist auch für mich immer wieder die Königsdisziplin. Wirklich zu wachsen. Den MUT zu haben, den eigenen Weg zu gehen. Verantwortung für uns und unser Leben zu übernehmen und damit auch unsere Macht und Kraft anzuerkennen. Wir sind Gestalter und Schöpferinnen unseres Lebens, nicht mehr, aber eben auch nicht weniger.

Egal wie langsam oder schnell du vorankommst, wenn du bereit bist, jeden Tag einen kleinen Schritt zu machen, dann wirst du irgendwann an deinem Ziel ankommen.

Was dann auf dich wartet, ist die Freiheit. Die Freiheit, dich zu lieben und deinen Körper zu genießen. Mehr Energie, denn diese kannst du ab jetzt für dich nutzen statt für den Kampf gegen dich. Alles, was du jetzt noch brauchst, ist den MUT, für dich loszugehen.

Du hast es verdient. Dein Körper hat es verdient.

Worauf wartest du noch?

Credit: © Nina Wellstein

Mein Name ist Antonie Post und ich bin Ernährungswissenschaftlerin. Ich war selbst jahrelang auf der Suche nach der einen Wunderdiät, die all meine Probleme mit meinem Körper löst. Heute weiß ich: Es gibt sie nicht. Unzählige Studien zeigen, dass Diäten nur kurzfristig funktionieren, dafür aber nachhaltig das Verhältnis zum eigenen Essverhalten und Körper schädigen. Diäten machen krank statt schlank und daher wünsche ich mir, dass möglichst viele Menschen ihre Essensregeln über Bord werfen und endlich Frieden mit dem Essen und ihrem Körper schließen. Du musst weder schlank sein noch Diät halten, um gesundheitsorientiert zu leben, sondern du kannst unabhängig vom Gewicht dein Wohlbefinden und deine Gesundheit verbessern – und ich zeige dir, wie das geht.

Kannst du dich noch erinnern, wann und wie du zum ersten Mal wahrgenommen hast, dass Körper unterschiedlich sind und Körper bewertet werden? Welche Bewertung gab es für deinen Körper?

Mir hat als Kind nie jemand direkt gesagt, dass ich zu dick oder nicht schön genug sei. Ich bin einfach in dem Wissen aufgewachsen, dass Aussehen und vor allem Schön- und Schlanksein für eine Frau sehr wichtig sind. Es muss in der Grundschule gewesen sein, dass ich angefangen habe, mich mit meinen Freundinnen zu vergleichen und schließlich habe ich meine erste Diät gemacht. Das war es, was ich kannte: Wenn du dich nicht wohlfühlst in deinem Körper, dann gehst du auf Diät. Ich kam gar nicht auf die Idee, dass nicht mein Körper, sondern mein Kopf das Problem war und ich besser an meinem Selbstwert gearbeitet hätte.

Was hat dich in deinem Leben besonderen KörperMUT gekostet?

Mich hat es Mut gekostet, das Diäthalten aufzugeben. Schließlich bedeutet das, meinen Körper entscheiden zu lassen, was er wiegen will.

Was war dabei deine größte Angst?

Meine größte Angst war, dass ich nicht mehr aufhören kann zu essen, wenn ich anfange, mich intuitiv zu ernähren und dann unendlich zunehme – eine Angst, die übrigens völlig unbegründet war.

Wie hast du den MUT gefunden, es trotzdem zu tun?

Ich hatte, ehrlich gesagt, gar keine Wahl. Durch eine Krankheit hatte ich kaum noch Kraft für meinen Alltag, geschweige denn für Diäten. Ich habe gemerkt, wie unwichtig und oberflächlich unser Streben nach nicht zu erreichender Perfektion ist und habe eine Antwort auf die Frage gesucht, was ich für meine Gesundheit tun kann, wenn ich den Diäten den Rücken kehre. Gefunden habe ich ein medizinisch erprobtes, gewichtsneutrales Konzept namens Health at Every Size®, das einen Leitfaden bietet, wie man seine Gesundheit direkt verbessern kann, ohne den unsinnigen Umweg über das Gewicht zu nehmen.

Würdest du sagen, du hast Frieden mit deinem Körper geschlossen?

Ja. Das merke ich vor allem daran, dass ich freundlich und wohlwollend mit mir selbst spreche. Auch wenn der Wunsch, schlanker zu sein, möglicherweise nie ganz verschwinden wird, bin ich nicht mehr bereit, meine körperliche und geistige Gesundheit aufs Spiel zu setzen, um mich mit Gewalt in ein gesellschaftlich konstruiertes „Ideal" zu pressen. Fakt ist: Wir haben immer noch keine Methode gefunden, um dicke Menschen langfristig dünn zu machen. Spätestens nach fünf Jahren haben 95 % ihr Ausgangsgewicht wieder und zwei Drittel wiegen im Anschluss sogar mehr als vor der Diät. Ich möchte meine Zeit, meine Energie und mein Geld nicht mehr damit verschwenden, gegen meinen Körper zu kämpfen. Denn genau das sind Diäten: Kampfhandlungen gegen den eigenen Körper. Ich muss meinen Körper nicht lieben, aber er verdient es, mit Respekt und Fürsorge behandelt zu werden.

Was siehst du, wenn du heute in den Spiegel schaust?

Ich sehe mich, wie ich zurücklächle. Essen hat keine Macht mehr über mich.

Was möchtest du Menschen zurufen, die ihren Körper ablehnen und abwerten?

Wenn du glaubst, dass du dich erst akzeptieren kannst, wenn du abgenommen hast, dann machst du dir etwas vor. Gewicht zu verlieren oder dein Aussehen zu verändern wird dir nicht dabei helfen, dich selbst mehr zu lieben. Denn diese Art der Selbstliebe ist nicht bedingungslos und daher immer nur vorübergehend. Kein Körper ist ein Problem, das gelöst werden müsste. Problematisch ist die Art und Weise, wie wir Körper bewerten. Du bist genau richtig, so wie du bist. Jetzt in diesem Moment. Du bist wertvoll.

Mehr zu Antonie Post erfahren? ↗ https://antoniepost.de

Jetzt du!

Du hast Lust bekommen, endlich Frieden mit deinem Körper zu schließen? Ohne WENN und ABER? Ohne nochmal 'ne Runde zu optimieren und zu hoffen, dass das Schönheitsideal sich in deine Richtung bewegt oder du morgen aufwachst und auf einmal einen anderen Körper hast?

Wunderbar! Dann erfährst du jetzt in den 7 Prinzipien noch mehr zum KörperMUT und KörperFRIEDEN und erhältst gleichzeitig noch jede Menge praktische Übungen und Impulse für deinen persönlichen Weg, dort anzukommen.

Im ersten Teil des Buches wollte ich erstmal die gängigen Gedanken und Ideen zu unserem Körper aufweichen und den Rahmen, in dem sich unsere Gedanken zum Thema Körper üblicherweise bewegen, ein wenig verschieben und erweitern. Sozusagen den Boden bereiten, damit jetzt die Saat gut ausgebracht werden und dann gut gedeihen kann.

Wenn mein Plan funktioniert hat, dann hast du jetzt mit Körper, Geist und Seele verstanden, warum das Thema so „schief" hängt. Dass wir alle einer Karotte hinterherlaufen, die zu erreichen unmöglich ist. Und dass wir auch durch das Erreichen nicht die Garantie haben, uns dann endlich wertvoll, liebenswert und schön zu finden.

Dann lade ich dich jetzt zum Training ein, dazu, die Prinzipien der Reihe nach durchzuarbeiten, um am Ende bei der radikalen Selbstliebe anzukommen.

Damit du gut gerüstet diesen Weg antreten kannst, schau dir doch gerne noch diesen bewegenden Vortrag zum KörperMUT von mir an.

> **Du kannst die Welt verändern, auch ohne perfekten Hintern!**

7 Prinzipien für mehr KörperMUT

Die sieben Prinzipien des KörperMUT beschreiben eine Art Prozess. Wenn du diese Prinzipien annehmen, bejahen und in dein Leben integrieren kannst, dann bist du dem KörperMUT ein Riesenstück nähergekommen oder schon mittendrin, kannst wirklich Frieden mit deinem Körper schließen und dich wieder ein Stück in dich selbst verlieben.

Die sieben Prinzipien sind aufgrund meiner Erfahrung und meiner Arbeit als Coach entstanden, und sie haben viel mit meinem persönlichen Weg zu tun. Du hast einen anderen Körper, andere Herausforderungen, andere Geschenke und ein anderes Schicksal. Dennoch habe ich die Idee, dass diese Prinzipien für viele Menschen hilfreich sein können und sich auf viele Körper anwenden lassen, egal, was genau deine Herausforderung ist.

Fühle dich frei, mit diesen Prinzipien zu experimentieren. Und falls du das 8. Prinzip für mehr KörperMUT findest, let me know.

Im Anschluss an das jeweilige Prinzip findest du alles, um dieses Prinzip in deinen Alltag zu integrieren. Bleib neugierig und offen und erlaube dir, alles auszuprobieren.

Beim Mutmuskeltraining® sage ich immer so gerne: Verlier nicht den Humor, das Leben ist schon ernst genug! Auch hier gilt, versuch den Weg mit Freude zu gehen, probiere dich aus, mach Pausen, steh wieder auf, wenn du mal hingefallen bist und vor allem: Verlier nicht den Humor, wer lacht hat gerade keine Angst. 😊

Prinzip 1 – du hast kein Anrecht

Wir haben kein Anrecht auf einen schönen, gesunden, straffen, jungen, funktionierenden und schmerzfreien Körper.

Ich weiß, das ist jetzt nicht die beste Nachricht für den Start und viele wollen sie weder hören noch lesen. Es ist aber die Wahrheit.

Wenn du zu denen gehörst, die zufällig alles bekommen haben, was auf ihrer Wunschliste steht, dann ist das ganz wunderbar. Dann freu dich und feiere das. Aber wahrscheinlich hast du trotzdem noch keinen Frieden mit deinem Körper geschlossen, findest dich dennoch nicht schön, liebst dich nicht so, wie du bist, denn sonst würdest du diese Zeilen ja nicht lesen. Dass das eine nicht automatisch mit dem anderen mitgeliefert wird, darüber sprach ich ja bereits.

Wenn wir im Ärger bleiben, weil unsere Erwartung an unseren Körper eine andere ist, dann bleiben wir ewig im Kampf mit unserem Äußeren. Das berühmte Gesetz der Anziehung möchte ich an dieser Stelle so übersetzen: „Je mehr Energie du aufwendest, etwas weg haben zu wollen, umso hartnäckiger wird es dir am Arsch kleben."

Druck erzeugt bekanntermaßen Gegendruck. Und mit jedem „Ja, ABER ..." erhöhst du diesen Druck. Alle, die das schon so lange praktizieren wie ich, wissen, wie der Druck, Ärger und Frust, die Scham, die Verzweiflung und die Trauer so immer größer werden.

Deshalb ist der erste Schritt, das anzunehmen, was nun mal ist. Nichts schwerer als das. Aber keine Sorge, wenn man einmal verstanden hat, wie es geht und was genau damit gemeint ist, dann wird's leichter – versprochen.

Sag JA! zu dem, was ist!

Ein geschätzter Kollege sagt immer so schön: JA! ist die radikalste Absicht, die wir setzen können. Nach meinem persönlichen Ausprobieren und vielen Wiederholungen kann ich nur sagen: JA!, stimmt voll und ganz.

Und vielleicht noch dieser wichtige Hinweis: Annehmen, was ist, heißt nicht resignieren und aufgeben, so nach dem Motto: Jetzt ist mir alles egal. Und es heißt eben auch nicht, dass ich alles total super finden muss, wie es ist. Es heißt lediglich JA! dazu zu sagen, dass es so ist, wie es nun mal gerade ist.

Stell dir für einen Moment vor, du hast dich verfahren. Du stehst in einer Sackgasse. Solange du immer wieder zu dir sagst: „Nein, ich bin richtig gefahren. Die Straße ist falsch, ich werde nicht drehen und auch nicht einsehen, dass ich mich verfahren habe“, wirst du dort stehen bleiben. Die Sackgasse wird sich wahrscheinlich – zumindest habe ich das noch nicht erlebt – nicht vor deinen Augen in eine breite Durchgangsstraße verwandeln. Du steckst fest. Alle Wut, alle Trauer, alles mit dem Fuß auf den Boden stampfen werden nichts an dieser Situation verändern.

Und genauso ist es, wenn du auf deine vielleicht zu kurzen oder krummen Beine schaust und dir immer wieder wünschst, dass sie länger wären und eine andere Form hätten.

„Ja, aber andere haben doch auch schöne, lange, gerade Beine. Meine Freundin hat so schöne wohlgeformte Beine. Das ist so ungerecht. Hätte ich auch so lange, schöne Beine, könnte ich im Sommer Röcke anziehen ...“ So oder so ähnlich könnte dein Dialog mit dir aussehen. Solange du ihn führst, kämpft du dagegen an, dass deine Beine so sind, wie sie nun mal sind. Du bleibst also in der Sackgasse stehen und malst dir aus, was alles besser wäre, wenn die Sackgasse eine breite Durchgangsstraße wäre.

Das radikale JA! zu deinen Beinen würde so aussehen:

Ich sage JA! zu meinen Beinen. Das sind die Beine, die ich habe.

Mehr ist es nicht. Keine Affirmation, um deinen Blick auf deine Beine zu verändern. Kein Schönreden. Einfach nur: JA!, das sind meine Beine. Diese Beine habe ich in diesem Leben bekommen.

Aber nun kommt natürlich noch ein zweiter Schritt. Wenn du das laut aussprichst und lange genug im Kampf mit deinen Beinen warst, dann werden jetzt viele Emotionen hochkommen, die sich dazu im Laufe der Jahre angesammelt haben. Der Frust, weil du den Sommer noch nie richtig genießen konntest. Dein Schmerz und deine Trauer darüber. Oder Ärger und Wut, weil vielleicht schon mal jemand etwas Blödes über deine Beine gesagt hat. Was auch immer hoch kommt, fühle es, lass es da sein und sage JA! dazu.

JA!, ich fühle den Frust über die vielen versauten Sommertage. JA!, da ist Wut über all die Sprüche, die ich schon gehört habe. JA!, ich empfinde Schmerz, weil ich es ungerecht finde, dass ich diese Beine bekommen habe. JA!, ich ärger mich über meine Beine, mein Leben damit und über alle, die schönere, längere Beine bekommen haben ...

Und das machst du so lange, bis alles einmal gefühlt und bejaht ist. Manchmal ist es auch nötig, diesen Prozess ein paar Mal zu wiederholen. Damit das JA! wirklich ankommen kann und integriert wird.

Der Schlüssel dazu ist, dass es weder darum geht, deine Beine ab jetzt schön zu finden, sondern lediglich darum, dass wir aus vollem Herzen sagen können: JA!, das sind meine Beine in diesem Leben – ohne ABER.

Das habe ich leider auch erst vor gut zwei Jahren verstanden.

Für mich war das die Erkenntnis, die mich in die Annahme gebracht hat. Früher habe ich immer gedacht, annehmen heißt automatisch auch, ich muss es gut finden. Muss ich aber gar nicht. Und du auch nicht. Aber das radikale JA! und das Fühlen und Annehmen aller Emotionen, die daran hängen, das braucht es, damit wir aufhören, ewig im Kampf mit unserem Körper zu sein.

Wenn ich jetzt noch mal zurück zu dem Beispiel mit der Sackgasse komme, dann schließt sich der Kreis. Solange du in der Sackgasse stehst und nicht akzeptierst, dass du dich verfahren hast, so lange stehst du dort und sitzt in deinem eigenen Ärger. Sobald du akzeptierst, dass du wohl falsch gefahren bist, kann sich dein System entspannen – es ist wie es ist –, und du kannst nun überlegen, was du tun wirst. Stehen bleiben, umdrehen, um Hilfe bitten oder auf die Bahn umsteigen.

So ist es auch mit der Annahme deiner Beine. Sobald du sie angenommen hast, passieren zwei Dinge: Erstens, dein System entspannt sich und auch du kannst dich entspannen. In der Regel folgt dann ein gelassener Umgang mit dem, was wir angenommen haben. Zweitens, du kannst neu entscheiden, wie du ab jetzt, wo sie nicht mehr im Vergleich mit dem Rest der Welt stehen, mit deinen Beinen umgehen möchtest.

Willst du sie weiter kaschieren? Willst du dich im nächsten Sommer mit einem kurzen Rock rauswagen? Willst du dich entscheiden, dass es wichtigere Dinge im Leben gibt? Oder willst du vielleicht in deinem neuen Bikini Anlauf nehmen, eine Arschbombe im Pool machen und danach Pommes essen gehen, weil du ab jetzt den Sommer in vollen Zügen genießen willst?

Was auch immer du entscheidest für dich, lass dem ein großes JA! vorausgehen. Wie du dir sicherlich vorstellen kannst, bin ich natürlich für die Version Arschbombe und Pommes. Lass mal am Pool treffen.

Und hier noch ein paar gute Hinweise für den Weg:

- Du kannst diese Übung für jedes Körperteil oder deinen gesamten Körper machen. Am besten wiederholst du den Prozess ein paar Mal, damit sich wirklich alles zeigen und lösen kann.
- Es ist hilfreich, sich Zeit für diese Übung zu nehmen und dafür zu sorgen, dass du nicht gestört wirst. Lass Tränen fließen, wenn sie kommen.
- Wenn möglich, sprich alles laut aus. Es ist sehr gut, solche Übungen nicht nur innerlich zu machen, sondern laut auszusprechen. Aus meiner Erfahrung ist das viel effektiver, aber schau einfach, was für dich am besten passt.
- Du kannst die Übung auch gut schriftlich machen, wenn du magst. Alles aufs Papier zu bringen, kann auch sehr heilsam sein.
- Du merkst, dass der Prozess für den Moment abgeschlossen ist, wenn dein System sich entspannt. Wenn alles gefühlt und bejaht wurde, kommt irgendwann der Punkt, an dem Entspannung und Frieden einkehren. Dann weißt du, für heute ist es vollbracht. Und wie gesagt: wiederhol die Übung gerne ein paar Mal, du wirst sehen, mit jedem Durchlauf wird weniger hochkommen, weil schon einiges abgeflossen ist.
- Du kannst diese Übung natürlich auch für alle anderen Themen dieser Welt machen. Mir hat sie schon oft geholfen, wenn ich zum Beispiel eine Erkrankung hatte oder etwas in meinem Leben passiert ist, was ich schwierig fand und wieder schnell weghaben wollte. Genau da hilft die Annahme dessen, was ist, ohne Bewertung, und nimmt den Druck raus.
- Du kannst diese Übung auch machen, wenn du nachts wach liegst. Statt immer wieder ärgerlich darüber zu werden, dass du nicht schlafen kannst, genau das bejahen, annehmen und auch alle Emotionen, die dazu hochkommen. Aber das nur am Rande, weil mir gerade einfällt, dass ich letzte Nacht meine Schlaflosigkeit damit bearbeitet habe.

Und wenn du zu den Menschen gehörst, die sagen „Aha, hab ich verstanden“ und dann zum nächsten Prinzip weiterblättern, dann lass dir noch Folgendes gesagt sein. Es gibt einen großen Unterschied zwischen „Ich habe das gelesen und verstanden“ und „Ich lege jetzt das Buch aus der Hand und mache diese Übung.“

Alle Übungen wirken nur, wenn du sie auch wirklich machst. Egal ob jetzt oder später, mach sie. Und am besten morgen direkt nochmal.

Credit: © Michaela Janetzko

Ich bin Sabine. Als Neuro-Coach unterstütze ich Menschen dabei, den Glaubenssatz „Ich bin nicht gut genug“ aufzulösen.

Kannst du dich noch erinnern, wann und wie du zum ersten Mal wahrgenommen hast, dass Körper unterschiedlich sind und Körper bewertet werden? Welche Bewertung gab es für deinen Körper?

Als Kind war ich mit meiner Mutter in einem Schuhladen. Dabei fielen ständig Sätze wie: „Es müssen aber breite Schuhe sein!“ „Das Kind hat sehr breite Füße!“ Alle schönen Schuhe wurden von der Verkäuferin direkt aussortiert. In meiner Erinnerung waren wir verzweifelt auf der Suche nach nur einem einzigen Paar Schuhe, in das sogar meine breiten Füße passen könnten. Ich habe mich furchtbar gefühlt und gelernt, dass mein Körper wohl nicht schlank genug für schöne Kleidung ist. Dabei habe ich, wie ich es heute sehe, eigentlich ziemlich normale Füße.

Was hat dich in deinem Leben besonderen KörperMUT gekostet?

Mir zu erlauben, in Jeans-Shorts rumzulaufen! Ich hatte ja noch abgespeichert, dass mein Körper für viele Kleidungsstücke einfach nicht schön genug ist. Im Urlaub oder an Orten, an denen mich keiner kannte, war das o.k., aber nicht in der Stadt oder unter Freunden.

Was war dabei deine größte Angst?

Ich hatte Angst vor der Bewertung anderer, wenn rauskommt, dass ich keine perfekten Beine habe (was natürlich ohnehin schon jeder wusste). Ich hatte Angst, mich durch ihre Blicke oder Worte minderwertig zu fühlen. Heute denke ich, dass ich am meisten Angst vor meiner eigenen Bewertung und dem miesen Gefühl hatte, nicht schön genug zu sein.

Wie hast du den MUT gefunden, es trotzdem zu tun?

Ich habe den Glaubenssatz „Ich bin nicht gut genug" aufgelöst und mir erlaubt, wirklich ICH zu sein. In Sachen Jeans-Shorts habe ich mich bewusst dafür entschieden, dass ich mir kein Kleidungsstück mehr verbieten und einfach den Sommer in kurzen Hosen genießen möchte. Ich möchte damit auch andere inspirieren, sich zu zeigen und das zu tragen, was ihnen gefällt!

Würdest du sagen, du hast Frieden mit deinem Körper geschlossen?

Ja, ich bin meinem Körper sehr dankbar für alles, was er mir schon ermöglicht hat. Ich behandle ihn jetzt respekt- und liebevoll. Den ewigen Diätdruck hatte ich einfach satt! Seit ich meine Waage weggeworfen habe und das esse, was mir guttut, ist mein Leben viel entspannter geworden.

Was siehst du, wenn du heute in den Spiegel schaust?

Ich werde wohl für immer mein größter Kritiker bleiben, aber ich achte auf meine Kommunikation mit mir selbst und akzeptiere mich, so wie ich bin. Ich sehe eine charmante, kraftvolle und mutige Frau.

Was möchtest du Menschen zurufen, die ihren Körper ablehnen und abwerten?

Der ständige Kampf mit dir selbst kostet dich nur unnötig Kraft und Lebensfreude! Du darfst loslassen, wieder auf deinen Körper hören und dich gut um ihn kümmern. Denn: Du bist gut genug!

Mehr zu Sabine Müller erfahren? ↗ https://www.endlichgutgenug.de

Prinzip 2 – Schönheit ist nicht der einzige Maßstab

Wie viele Stunden habe ich vor dem Spiegel verbracht und gehofft, mich endlich schön zu finden und zu fühlen. In der Zeit hätte ich wahrscheinlich zwei weitere Bücher schreiben können. Wusste ich damals leider nicht. Viele Menschen verbringen Zeit vor dem Spiegel und fühlen sich danach weder besser noch schöner. Viele Frauen geben in Studien sogar an, dass sie sich nach dem Blick in den Spiegel oder nach dem Anschauen von Fotos von sich schlechter und „hässlicher" fühlen als vorher. Wir schauen in den Spiegel, hadern mit uns und machen alles Mögliche, um uns endlich schön zu fühlen. Hier mal ein paar meiner Top-Flops:

- Shoppen, bis der Arzt kommt. In der Annahme, das nächste Kleid zaubert mich schlank. Ich habe in den Neunzigern wahrscheinlich alleine mit meinen Umsätzen zwei komplette H&M Filialen in Köln und Düsseldorf über Wasser gehalten.
- Das hundertste Diät-Buch kaufen, lesen und von einem besseren Morgen träumen.
- 290 € für eine Stoffwechselkur ausgeben, 12 Tage durchhalten, 7 Kilo abnehmen, endlich ins Kleid für die Hochzeit einer Freundin passen. Vor lauter Hunger auf der Hochzeit das halbe Buffet aufessen und danach nicht mehr mit der Kur weitermachen. Muss ich noch dazu sagen, dass die 7 Kilo bald wieder drauf waren und noch ein paar Freunde mitgebracht haben?
- Nur schwarz tragen und mich auf allen Bildern immer in die letzte Reihe stellen.
- Noch mehr shoppen und einen zweiten Kleiderschrank kaufen.

Geleitet hat mich in dieser Zeit immer ein Hauptgedanke: Damit ich mich mit und in ihm wohlfühlen kann, muss er schön aussehen, mein Körper, und damit meinte ich in erster Linie schlank. Ich dachte tatsächlich auch jahrelang, dass schön auszusehen die zentrale Aufgabe unseres Körpers ist. Heute muss ich schmunzeln, während ich das schreibe, weil mein Körper für mich heute so viel mehr ist als einfach nur die optische Hülle.

Aber ich weiß, es gibt noch mehr Menschen, die so denken. Und es ist ja auch kein Wunder, denn dafür sorgen ja die Medien. Wir sehen so lange Filme, Anzeigen und Social Media Posts, bis wir glauben, Schönheit ist der einzige Maßstab für unseren Körper. Und wir glauben, sie bestimmt unseren Wert als Mensch. Und dann stehen wir vor dem Spiegel und sind unzufrieden. Wir verlieren ganz aus dem Blick, dass unser Körper nie so gemeint war. Wir vergleichen uns weiter und finden keinen Weg raus. Aber den gibt es.

Wenn du deinen Blick auf deinen Körper – und damit auch auf andere Körper – verändern willst, dann braucht es den MUT, für einen Moment mal den Spiegel aus der Hand zu legen und dich auf eine andere Art und Weise mit deinem Körper zu verbinden.

Wenn wir das schaffen, dann können wir auf einmal wieder andere Dinge an unserem Körper feststellen.

Wir können spüren, dass wir gesund und vital sind. Wir können wahrnehmen, wie unsere Füße und Beine uns durch die Welt tragen. Wir können beim Sport fühlen, wie unser Herz schlägt und uns am Leben hält. Wenn wir hingefallen sind oder uns einen blauen Fleck geholt haben, heilt unser Körper, ohne dass wir bewusst etwas dafür tun müssen.

Allen Frauen, die schon mal ein Kind zur Welt gebracht haben, brauch ich wohl nicht zu erzählen, dass der weibliche Körper das Größte aller Wunder vollbringen kann: Leben in sich wachsen lassen, nähren und dann gebären. Und statt diese, wie ich finde, unglaubliche Leistung des Körpers zu würdigen, wünschen sich die meisten Frauen, dass er bitte schnell wieder so aussieht wie vorher.

Und wenn wir genauer schauen, ist ja nicht nur unser Körper ein Wunderwerk, denn wir Menschen sind ja viel mehr als „nur" ein Körper. Oder wie Veit Lindau immer so schön sagt: „Du bist mehr als ein Fleischklops."

Wir sind Geist, Körper und Seele. Wir sind bewusste und, wenn du magst, auch spirituelle Wesen. Wir können denken und fühlen, wir haben eine Seele, wir können wachsen und uns verändern, unsere Worte können andere Menschen inspirieren und ermutigen. Wir können Dinge erschaffen mit unseren Händen, manchmal auch mit unseren Gedanken. Wir sind ein so großartiges Gesamtpaket. Und was machen wir damit? Wir halten die Lupe drauf und beschweren uns, dass wir dann einen Pickel oder Dehnungsstreifen finden.

Immer, wenn ich mir das alles noch mal vor Augen führe, kommt es mir völlig absurd vor, dass ich so viele Jahre damit verbracht habe, mich hässlich zu fühlen und dafür abzuwerten, anstatt zu sehen, wieviel mehr ich bin.

Ich habe aktuell viel Gewicht, aber ich bin nicht dieses Gewicht. Mein Körper ist da und für jeden sichtbar, aber er ist nicht alles, was ich bin und mich ausmacht.

In einer Welt, in der sich so viel um Äußerlichkeiten dreht, in der uns immer wieder gesagt wird, dass es wichtig ist, wie wir aussehen, ist das fast schon ein radikaler Gedanke. Was wäre, wenn wir nicht dafür hier wären, um eine schöne Hülle zu haben. Was wäre, wenn gerade wir Frauen uns nicht mehr darauf reduzieren ließen, wie wir aussehen? Wenn wir unseren Selbstwert nicht mehr abhängig machten von unserer Äußerlichkeit?

Ich glaube, dann würden viele von uns auf einmal die Hände frei haben für tolle Projekte, für die nächste Beförderung oder die Selbstständigkeit. Dann gäbe es auf einmal jede Menge Energie, mit der man Bücher schreiben, Bilder malen oder Vorstandsetagen erobern könnte. Stell dir vor, was dann auf einmal möglich wäre! Am besten wir probieren es gleich mal aus.

Die praktische Umsetzung und ein Gedanken-Experiment

Ich lade dich zu einem Experiment ein. Nimm mal für einen Tag alle deine Spiegel in der Wohnung ab. Nimm dir mehrmals an diesem Tag Zeit, deinen Körper einfach zu spüren, atme, fass dich an, meditiere, wenn du möchtest, und erlebe mal für einen Tag, wie du dich fühlst, ohne den Blick in den Spiegel.

Fang an, dich zu fragen, wofür du deinem Körper dankbar bist. Was schätzt du besonders an deinem Körper?

Vielleicht, dass du mit diesem Körper deine Kinder auf die Welt gebracht hat? Vielleicht, dass dein Körper besonders kraftvoll ist? Vielleicht gehst du regelmäßig Laufen und bist dankbar, dass dein Körper dir diese Erfahrung ermöglicht? Vielleicht bist du aber auch erkrankt oder hast Schmerzen und findest in dieser Situation Wertschätzung für deinen Körper, weil du spürst, dass er jeden Tag sein Bestes gibt.

Und wenn du den Sonnenuntergang am Strand genießt, die Füße im noch warmen Sand – dann frage dich: Wäre dieser Moment wirklich so viel freudvoller, wenn du den perfekten Körper hättest?

Ich habe dieses Gedankenexperiment eine Zeit lang sehr oft gemacht. Im Jahr 2009 hatte ich kreisrunden Haarausfall und habe innerhalb von wenigen Wochen 90 % meiner Haare verloren. Das war heftig. Ich erinnere mich noch sehr genau, als ich das erste Mal mit Glatze mit meinen Freundinnen unterwegs war. Es war ein Samstag, wir sind eine Runde zusammen spazieren gegangen – ich natürlich mit Mütze – und danach eingekehrt. Wir saßen auf der Terrasse, redeten und tranken Kakao, und ich traute mich, meine Mütze auszuziehen und meinen Kopf und mein Gesicht in die Sonne zu halten. Während ich da so saß und natürlich bemerkte, dass die Menschen mich neugierig anschauten, fragte ich mich: Wäre dieser Moment jetzt schöner, nährender und glückbringender, wenn ich Haare hätte?

Danach habe ich dieses Gedankenexperiment wieder und wieder gemacht und jedes Mal war die Antwort dieselbe. NEIN, diese Momente des Lebens, in denen ich Freude und Spaß habe, gute Gespräche führe, die Sonne auf der Haut spüre oder einfach nur Zeit für mich im Café vertrödele, sind mit oder ohne Haar genau gleich. Außer, dass ich anders aussehe. Aber mein Gefühl in meinem Inneren bleibt dasselbe.

Ich bin der festen Überzeugung, dass dieses bewusste Verändern meiner Perspektive, also meinen Fokus ganz klar auf das innere Erfahren und Erleben einer Situation zu lenken, statt immer nur von außen auf mich zu schauen, dazu geführt hat, dass ich meine Glatze relativ schnell annehmen konnte.

Damals habe ich ganz intuitiv das gemacht, was ich dir heute in diesem Buch näherbringen will:

Ich habe zu 100% JA! zu dem gesagt, was gerade ist, nämlich das ich meine Haare verloren hatte.

Ich habe den Spiegel aus der Hand gelegt und aufgehört, mich selbst nur darüber wahrzunehmen und abzugleichen. Ich habe angefangen zu spüren und mich und meinen Körper von innen heraus zu erfahren.

Ich habe das zweite Prinzip für mehr KörperMUT mit jeder meiner Zellen verinnerlich: Schönheit ist nicht der einzige Maßstab für unseren Körper!

Also, wenn du bereit bist, den Spiegel aus der Hand zu legen und deinem Körper eine andere Chance zu geben, dann kommen hier ein paar gute Impulse für dich:

- Stell‘ dir Musik an und tanze. Einfach so für dich. Über die Bewegung kannst du dich gut mit deinem Körper verbinden und dich spüren. Nimm dir nach dem Tanzen kurz ein oder zwei Minuten Zeit und fühle nochmal nach.
- Nimm dir Zeit, pflege und massiere deinen Körper. Fang mit den Füßen an und vielleicht magst du dir dann jeden Tag ein anderes Körperteil vornehmen. Massiere deine Beine und bedank dich bei ihnen, dass sie dich tragen. Fühle und spüre mal richtig hin, was du an deinen Beinen Wunderbares, Kraftvolles, Schönes, Weiches oder Starkes entdecken kannst?
- Und für die ganz mutigen und entschlossenen unter euch gibt es noch eine Möglichkeit, diese Erfahrung zu vertiefen. Sie ist sehr kraftvoll und bringt dich, wenn du bereit bist, einen großen Schritt weiter in Sachen Annahme und Frieden schließen. Welches Körperteil lehnst du am meisten ab? Mit welchem Körperteil führst du den erbittertsten Krieg? Welches Körperteil hält dich vielleicht sogar davon ab, wirklich frei und selbstbestimmt zu leben?

  Stelle dir dann ein schönes Öl bereit und wende dich diesem Körperteil ganz liebevoll zu. Massiere es, streichle es, fasse es ganz bewusst an und sei mit all deiner Liebe, Anteilnahme, Wertschätzung bei diesem Körperteil. Wenn du es zunächst unangenehm findest, dann stell dir einfach dein Handy auf eine Minute ein. Gerne kannst du die Zeit beim nächsten Mal etwas verlängern. Sei mit deiner ganzen Aufmerksamkeit und mit deinen Händen bei diesem Körperteil. Manchmal hilft es, Mitgefühl für dieses Körperteil zu entwickeln. Ich erinnere mich, dass meine Schamanin diese Übung in abgewandelter Form mit mir gemacht hat. Damals sollte ich mein Doppelkinn anfassen, streicheln und ganz liebevoll mit ihm sein. Mein Doppelkinn und ich waren damals noch große Feinde. Deshalb habe ich immer, auch im Sommer, Schals getragen. Meine Idee war: Dann fällt das Doppelkinn weniger auf. Hat ähnlich gut funktioniert wie den Pulli um die Hüfte binden, wenn man seinen Hintern verstecken möchte.

Bei mir sind damals ganz schön viele Tränen geflossen, als ich mich meinem Doppelkinn liebevoll zugewendet habe. Heute mache ich diese Übung ab und zu mal mit meinem Bauch, wenn ich mal wieder finde, dass er viel zu dick ist.

Was durch diese Übung passiert? Spannung löst sich, Liebe und Wertschätzung können fließen und du kannst anfangen, auch diesen Anteil von dir liebevoll zu integrieren. Wenn du das eine Zeit lang machst, wirst du merken, dass aus einem „verhassten" Körperteil nach und nach ein Freund oder eine Freundin wird und manchmal verliebt man sich sogar so richtig in dieses Körperteil. So ist es mir zum Beispiel mit meinen Brüsten gegangen, die ich jahrelang nicht schön fand und sehr abgelehnt habe.

Also, fang an, bleib dran und lass dich überraschen, was auf einmal alles möglich wird.

Mir ist wichtig, dass dieses Buch ein inklusives Buch ist und ich dabei niemanden ausschließe. Deshalb möchte ich nochmals betonen: All diese Übungen kannst du auch machen, wenn dein Körper erkrankt ist, du eine Behinderung hast oder, wie mein Mann, chronische Schmerzen. Dann geht es vielleicht nicht darum, dich in Bewegung zu erfahren. Aber du kannst mit deiner Aufmerksamkeit in deinen Körper gehen, diesen spüren, zu verschiedenen Körperteilen wandern und ihnen Liebe und Wertschätzung schenken, auch wenn ihre Funktion eingeschränkt ist oder sie dir Schmerzen bereiten. Lass dich auch vom 4. Prinzip für mehr KörperMUT inspirieren, denn dort lernst du viele Möglichkeiten kennen, wie du Frieden, Liebe und Wertschätzung durch deinen Körper schicken kannst, auch wenn deine Bewegungsmöglichkeit eingeschränkt ist.

Selbst wenn uns Menschen viel unterscheidet und jeder von uns ein anderes Schicksal hat, die Chance auf Frieden mit dem eigenen Körper vereint uns alle.

Nabil Al Amry

Credit: © Thomas Bücher

Ich heiße Nabil Al Amry. Ich bin im Jemen geboren und in der DDR aufgewachsen. Im Alter von zwei Jahren erkrankte ich an Kinderlähmung (Polio) und kam zur medizinischen Behandlung nach Berlin, in die Charité. Als „Andenken“ habe ich ein gelähmtes Bein behalten.

Ich bin selbstständig und arbeite als Trainer, Berater und Dozent für interkulturelle Kommunikation. Auf Basis meiner multikulturellen Lebens- und Arbeitserfahrung liegt mein Fokus auf der arabischen sowie der islamisch geprägten Welt.

Mit meinen jemenitischen Wurzeln, der deutschen Sozialisation und meinen Tätigkeiten im In- und Ausland fühle ich mich als „Global Citizen“ sowie als „Brückenbauer“ zwischen Menschen und Kulturen. Ich unterstütze Menschen dabei, persönliche und kulturelle Interpretationen zu erkennen, mit Missverständnissen besser umzugehen und neue Sichtweisen zu ermöglichen.

Kannst du dich noch erinnern, wann und wie du zum ersten Mal wahrgenommen hast, dass Körper unterschiedlich sind und Körper bewertet werden? Welche Bewertung gab es für deinen Körper?

Ich habe aufgrund meiner Polio-Erkrankung die ersten Jahre meiner Kindheit (vom zweiten bis zum achten Lebensjahr) in der Berliner Charité verbracht. Auf der Kinderstation hatten alle Kinder Krankheiten, die mehr oder weniger sichtbar waren. Es gab Kinder, die hatten keine Haare, weil sie Krebs hatten. Andere mussten ihre Infusion durch die Gegend tragen oder konnten sich nur im Rolli bzw. mit anderen Hilfsmitteln bewegen. Wieder andere konnten nicht das Bett verlassen und so habe ich sie dort besucht, wenn ich mit ihnen spielen wollte.

Für mich war es völlig normal, dass außer den Erwachsenen jede*r irgendeine körperliche Einschränkung hatte. Somit habe ich mich mit meinem gelähmten Bein auch als völlig normal empfunden.

Das änderte sich schlagartig, als ich in meinem achten Lebensjahr aus dem Krankenhaus entlassen wurde. Ich musste bzw. konnte eine reguläre Schule besuchen und war auf einmal etwas Besonderes. Sowohl meine deutliche Gehbehinderung als auch meine Hautfarbe in Kombination mit den schwarzen Locken fielen an einer Ost-Berliner Schule auf und ich wurde auf einmal aus ... Neugier (?) ... Mitleid (?) ... Interesse (?) angestarrt.

Ich kam mir sehr komisch vor, weil ich und mein Körper auf einmal von anderen als etwas „Ungewöhnliches" wahrgenommen wurden. Gleichzeitig erlebte ich, dass andere Kinder sich besser, schneller und geschickter bewegen konnten, als es mir möglich war. Ich begann, „mich selbst" mit neuen Augen zu sehen und habe angefangen, mich mit den anderen Kindern zu vergleichen. Ich kann mich noch gut erinnern, dass ich nicht mehr in die Schule gehen wollte und viel lieber zu Hause geblieben wäre. Mir war mein Körper mit seiner Behinderung lästig und sehr unangenehm. Gleichzeitig waren wir, mein Körper und ich, aber auf ewig miteinander verbunden.

Was hat dich in deinem Leben besonderen KörperMUT gekostet?

Als Teenager habe ich mich nie getraut zu tanzen. Den eigenen Derwisch in mir zu befreien und ihn zur Musik herumspringen zu lassen, egal wie die Menschen um mich herum schauen, gelang mir erst in meinen späten 20ern. Dafür habe ich sehr viel KörperMUT gebraucht.

Ehrlich und vor allem wohlwollend mit meinem Körper und „Seelenleben" umzugehen, kostet mich immer wieder neuen MUT. Genauso, eine gescheiterte Liebesbeziehung nicht auf meinen Körper zu schieben, sondern auf mein Verhalten; das empfinde ich als Herausforderung. Mein Herz erneut zu verschenken, trotz der gemachten Erfahrungen, und mich zuzuMUTen, erfordert immer wieder Risikobereitschaft.

Was war dabei deine größte Angst?

Ich wollte immer gerne „dazugehören" und hatte Angst vor Ablehnung. Weil ich nicht so gut laufen kann, weil ich nicht so intelligent bin, weil ich ausländisch aussehe, weil ich laut und neugierig bin, weil ich auf manche Menschen arrogant wirke, weil ich meine eigene Meinung habe, weil, weil, weil, weil ... Es gibt nicht nur EINE Angst, sondern mindestens 1001 Ängste in mir, die mir oft wie unüberwindliche Hindernisse vorgekommen sind.

Wie hast du den MUT gefunden, es trotzdem zu tun?

Irgendwann habe ich herausgefunden, dass Ängste und Zweifel ganz oft schlechte Berater sind, wenn es um eigene Lernschritte und den dazugehörigen MUT geht. Angst, Zweifel und MUT vertragen sich nicht gut miteinander, sondern konkurrieren eher um meine Aufmerksamkeit.

In Situationen, die mir Angst machten, weil sie neu waren oder mich an die Vergangenheit erinnerten, habe ich die Angst immer öfter in den Urlaub geschickt. Ich habe ihr ein bisschen Entspannung gegönnt, während ich meinen MUT zusammengepackt habe und neue Lernschritte gehen wollte/musste. Der MUT und meine Aufmerksamkeit konnten gut zusammenarbeiten, während die Angst sich vom Alltagsstress erholte. Also eine Win-Win-Situation für Aufmerksamkeit, MUT und Angst. 😉

Würdest du sagen, du hast Frieden mit deinem Körper geschlossen?

Ich habe nicht zu 100% Frieden mit meinem Körper geschlossen, aber wir sind über die Jahre richtig gute Freunde geworden. Er hilft mir treu beim Erreichen meiner Ziele im „Außen & Innen". Ich bin ein bisschen nachsichtiger mit meinem Körper geworden. Wir haben uns arrangiert und kämpfen nicht mehr gegeneinander, sondern miteinander, zum Wohle des Ganzen und unseres Chefs Nabil.

Was siehst du, wenn du heute in den Spiegel schaust?

Ich sehe einen Mann. Er schaut mich freundlich an. Leicht ergraut und die kurzen Haare sind schon ein wenig schütter geworden. Wache und neugierige Augen blicken mich aufmerksam an. Ein prüfender Blick scannt den eigenen Körper von oben bis unten ab. Ruhig, neutral, während ab und zu ein wissendes Lächeln über das Gesicht huscht.

WIR – mein Körper und ich – haben fremde Länder und Kulturen bereist. WIR haben zusammen mehr erlebt als andere Menschen in vermeintlich „gesunden Körpern". Oft gab es Hindernisse, oft gab es Tränen und Zweifel auf dem „Lebensweg", aber genauso oft helfende Hände, ein aufmunterndes Wort oder einfach Spaß am Leben. Der Typ im Spiegel und ich, wir haben viele tolle Abenteuer erlebt und die Reise ist noch lange nicht zu Ende!

Was möchtest du Menschen zurufen, die ihren Körper ablehnen und abwerten?

Lass dich nicht behindern! Nicht von anderen Menschen und vor allem nicht von DIR SELBST! Schließ Frieden mit dir und deinem Körper. Ihr „könnt" ein prima Team sein / werden.

Sei dir selbst ein wohlwollender und liebevoller Begleiter IN und MIT deinem Körper. Riskiere eine Affäre mit dir selbst und nimm dich an, so wie du bist. Lass den Tempel deiner Seele erstrahlen oder renoviere ihn mal. 😉 Gönn ihm Zuwendung und Aufmerksamkeit um seiner selbst willen und nicht, weil du dich mit anderen Menschen vergleichst. Schick deine Ängste und eigenen Bewertungen öfter mal in den Urlaub!

Fang an, eine nachhaltige Liebesbeziehung mit DIR selbst zu entwickeln. Starte eine Charme-Offensive mit deinem Spiegelbild. Schau wohlwollend und unterstützend auf DICH selbst, statt anklagend und zweifelnd.

Mehr zu Nabil Al Amry erfahren? ↗ https://www.al-amry.de

Prinzip 3 – Es ist nicht die Wahrheit

Es ist nicht die Wahrheit – es sind nur Denk- und Sehgewohnheiten, die unsere Haltung und Bewertung zu unserem Körper formen. Ich hoffe, du hast das Kapitel „Schönheitsideal, Mediennorm & Modediktat“ aufmerksam gelesen, denn dort habe ich es breit und ausführlich beschrieben.

Und ich wiederhole es gerne noch einmal, damit es wirklich keinen Zweifel mehr gibt: Das Schönheitsideal ist ein Ideal, welches von einer Industrie erfunden wurde, die nur bestehen kann, wenn wir immer ein bisschen unzufrieden mit uns bleiben. Denn nur dann konsumieren wir die Produkte dieser Industrie und genau darauf zielt das Ideal ab. Oft vergessen wir das im Alltag. Wir akzeptieren das Ideal als Maßstab für unseren Körper.

Falls du noch nicht überzeugt bist und vielleicht immer noch dem Gedanken verfallen bist, dass du das aber eben auch schön findest und es gar nichts mit der Werbung, den Medien und dem Fernsehen zu tun hat, dann lade ich dich ein, ein kleines Experiment zu machen.

Eine Geschichte, ein Experiment und gute Gedanken

Vor vielen Jahren hatte ich mal ein Coaching zu meinem Gewicht – eins von sehr, sehr vielen, die noch folgten –, und wir sprachen am Anfang der Stunde darüber, wo eigentlich die starke Abwertung von Dicksein bei mir herkommt. Die Geschichte habe ich dir ja schon erzählt. Der Coach fragte dann, welchen Frauentyp ich denn persönlich schön finde und was meine optimale Vorstellung von mir ist. Ich habe damals viel Ally McBeal geschaut. Vielleicht kennst du die Serie aus den Neunzigern auch noch? Nachdem sie damals ausgelaufen war, haben viele der Schauspielerinnen berichtet, dass sie während der Drehzeit immer dünner wurden, bei einigen mündete das sogar in eine Essstörung. Die Hauptdarstellerin war damals wahnsinnig dünn und war damit der Maßstab für den Rest der Besetzung.

Ich habe also erzählt, wie besonders schön ich es finde, wenn der Körperbau sehr androgyn ist und dass mein Zielgewicht eigentlich immer bei unter 50 Kilo lag, obwohl ich noch nie weniger als 55 Kilo gewogen habe.

Mein Coach hat geschluckt und gesagt: „Tanja, das wird wohl ein etwas längerer Weg werden. Ich gebe dir jetzt eine Aufgabe für den ersten Schritt. Such dir Bilder von fülligen Frauen, die du schön findest, und hänge welche in deiner Wohnung auf. Schau dir diese Bilder jeden Tag an. Du brauchst dringend andere Sehgewohnheiten, sonst wirst du aus der täglichen Abwertung nicht rauskommen."

Das habe ich gemacht. Ich habe Ausschau gehalten nach fülligen, mehrgewichtigen Frauen, die ich schön finde. Ich habe das Curvy Magazin abonniert, Schauspielerinnen angeschaut, die eher meine Statur hatten, und auch heute nutze ich Instagram, um meine Sehgewohnheiten mit Vielfältigkeit zu füttern. Bei mir hat es echt lange gedauert, aber irgendwann habe ich gemerkt, mein Blick verändert sich. Ich kann Schönheit auch bei fülligen Körpern sehen und wahrnehmen. Das hat mir persönlich noch mal deutlich gemacht, dass es eben nicht nur eine gültige Wahrheit gibt, sondern dass unsere Bewertung von schön oder nicht schön in erster Linie von unseren Sehgewohnheiten abhängt.

Wenn ich heute mal aus nostalgischen Gründen bei Ally McBeal reinschaue, dann bin ich wirklich erschrocken, dass das damals meine Schablone für Schönheit und Perfektion war.

Ich lade dich ein, auch mal ein solches Experiment zu machen und zu schauen, wie lange es bei dir dauert, bis du merkst, dass auch deine Sehgewohnheiten eben nur Sehgewohnheiten sind und keine Wahrheit. Such dir selbst aus, womit du dein Gehirn füttern möchtest. Hör auf, Accounts in den sozialen Medien zu folgen, die dir nicht guttun. Häng dir Bilder auf, mache dir eine Collage, was auch immer, aber fang an, dem gängigen Schönheitsideal etwas entgegenzusetzen. So kannst du nach und nach für einen anderen Blick sorgen.

Parallel kannst du noch von einer anderen Seite deinen Blick auf die Welt und auf dich verändern und dafür das mächtigste Organ in deinem Körper nutzen. Dein Gehirn. Wir denken zwischen 30.000 und 60.000 Gedanken am Tag. Davon ist übrigens nur ein kleiner Prozentsatz positiv und aufbauend. Dieses Potenzial kannst du nutzen und neue Gedanken über deinen Körper kultivieren und trainieren. Dazu sind zwei Dinge wichtig: die alten erst einmal bewusst bemerken und dann unterbrechen. Die neuen regelmäßig wiederholen, bis du sie wirklich glauben kannst.

Ich nenne das ganz kurz und knackig Gedankenhygiene und führe es so aus: Wenn ich mich dabei erwische, dass ich etwas Abwertendes oder Negatives über meinen oder andere Körper sage oder denke, dann sage ich innerlich sofort „STOPP. Das möchte ich nicht mehr denken und glauben."

Dann führe ich entweder einen positiven Selbstdialog oder sage mir Affirmationen auf.

Hier mal ein Beispiel, damit du es dir besser vorstellen kannst:

Ich sehe mich im Vorbeigehen in einem Schaufenster und denke: „Du hast aber auch einen dicken Bauch, das sieht echt hässlich aus."

STOPP, sage ich mir dann, das möchte ich nicht mehr denken und auch nicht mehr glauben.

Nun kann ich entweder in einen positiven Selbstdialog gehen, das kann so aussehen: Ich habe einen großen Bauch UND ich bin eine attraktive Frau, eine wunderbare Seele und viel mehr als mein Gewicht. Ich möchte wertschätzend über meinen Körper sprechen, weil ich meinen Körper bedingungslos liebe. Und auch mein Bauch hat meine Liebe verdient.

Oder ich kann Affirmationen wiederholen, die mir in dieser Situation helfen, mich anzunehmen: Ich bin richtig, genau so, wie ich bin. Ich liebe meinen Körper bedingungslos. Ich bin dankbar für meinen Körper.

Beide Varianten zielen auf dasselbe Ergebnis ab: Neue Gedanken trainieren, so lange, bis es irgendwann klick macht und wir diese wirklich glauben und als unsere neue Realität akzeptieren. In meiner Erfahrung ist es deshalb wichtig, nicht nur bei den alten und hinderlichen Gedanken STOPP zu sagen, sondern dann unserem Gehirn auch eine neue Denkgewohnheit anzubieten.

Deshalb habe ich dir die besten und kraftvollsten KörperMUT Affirmationen zusammengestellt, mit denen du dich täglich daran erinnern darfst, dass du so, wie du gerade bist, gut und richtig bist!

Du kannst sie wie folgt nutzen:

Täglich wiederholen:
Wähle drei bis vier aus, und wiederhole sie mehrmals täglich. Irgendwann hast du sie so oft wiederholt, dass du anfängst, sie zu glauben.

Für die Gedankenhygiene:
Hier kannst du sie nutzen, wenn du auf einen alten, negativen Gedanken oder eine Bewertung stößt, so wie ich es gerade im Beispiel beschrieben habe.

Zum Aufhängen und Erinnern:
Du kannst dir die Affirmationen auch komplett runterladen und aufhängen oder dir eine eigene Liste machen. Ich arbeite gerne mit Post-Its, die ich einfach überall – am Spiegel, Schreibtisch, Notebook – hinhänge, damit ich diese immer wieder im Laufe des Tages sehen und lesen kann. So füttere ich mein Unbewusstes ständig mit positiven Sätzen.

Selbst aufsprechen zum Anhören:
Gerade aktuell arbeite ich wieder viel mit neuen Affirmationen und habe angefangen, mir diese selbst aufzusprechen, um sie dann im Laufe des Tages anzuhören. So begleiten mich die positiven Sätze durch den ganzen Tag.

Probiere einfach aus, welche Variante dir gefällt und vor allem, welche gut bei dir wirkt.

“

Meine 33 Lieblingsaffirmationen für mehr KörperMUT:

- *Ich liebe mich bedingungslos.*
- *Ich liebe meinen Körper bedingungslos.*
- *Ich vertraue mir und meinem Körper.*
- *Ich bin gut, so wie ich bin.*
- *Mein Körper gibt immer sein Bestes.*
- *Ich bin einzigartig.*
- *Ich bin wunderbar.*
- *Ich bin wertvoll.*
- *Ich habe das beste Leben verdient.*
- *Ich bin stark.*
- *Ich bin glücklich.*
- *Ich lebe mich voll und ganz.*
- *Ich sage JA! zu mir und meinen Körper.*
- *Ich traue mich, großartig zu leben.*
- *Ich genieße dieses Leben in diesem Körper.*
- *Mein Körper ist mein bester Wegbegleiter.*

”

“

- *Jeden Tag verliebe ich mich mehr und mehr in mich selbst.*
- *Ich bin genug.*
- *Ich bin dankbar für diesen Körper.*
- *Ich bin dankbar für mich.*
- *Ich bin im Frieden mit mir.*
- *Ich bin im Frieden mit meinem Körper.*
- *Ich entscheide mich, heute glücklich zu sein.*
- *Mein Körper ist ein Wunder.*
- *Ich bin ein Wunder.*
- *Ich erlaube mir, alles zu genießen.*
- *Ich vergebe mir alle negativen Gedanken.*
- *Ich habe stets ein mutiges Herz.*
- *Ich traue mich, mich zu zeigen.*
- *Ich bin sicher.*
- *Ich bin entspannt.*
- *Ich bin ich und das ist gut so.*
- *Ich gehe immer vom Besten aus.*

”

Vielleicht fragst du dich jetzt: Warum gibt es keine Affirmation zur Schönheit? Also sowas wie: „So wie ich bin, bin ich schön“

Natürlich kannst du auch solche Sätze und Affirmationen nutzen. Diese Liste ist lediglich eine Anregung für dich, ergänzen geht immer. Ich möchte allerdings noch einen Gedanken dazu mit dir teilen. Ich persönlich finde, dass es im Zusammenhang mit dem Körper immer viel zu schnell um Schönheit geht. Ich glaube, der Weg zur Selbstliebe und einem entspannten und liebevollen Umgang mit unserem Körper würde einfacher, wenn wir damit aufhören, immer alles von Schönheit abhängig zu machen. Wir reduzieren uns damit auf dieses eine Merkmal.

Ich glaube, wahre Schönheit entsteht vor allem dann, wenn wir lieben. Wenn wir uns selbst wieder wirklich mit den Augen der Liebe anschauen können. Mit der Wertschätzung für die Leistung unseres Körpers. Mit der Freude, dass er für uns da ist und unser Herz jeden Tag für uns schlägt. Dann können wir auf einmal sehen, dass jeder Mensch, der sich selbst wirklich liebt, schön ist. Wahrhaftig schön. Und dazu braucht es keines der Merkmale, die uns das Schönheitsideal verkaufen will.

Was du aber tun kannst, ist, dich ab sofort immer, wenn du an einem Spiegel vorbeiläufst, anzuschauen. Dir wirklich in die Augen zu schauen und dich dann freudig anzulächeln. Allein das jeden Tag mehrmals zu tun, wird dich dazu verleiten, immer öfter Schönheit in dir zu entdecken. Probier es am besten direkt aus!

Maren Theimer

Credit: privat

Ich bin eine waschechte „Hamburger Deern", mein Name ist Maren und ich bin eine selbstbewusste, meist optimistische Frau Anfang 50. Ich versuche, gut für mich und meine Lieben zu sorgen. Ich lache jeden Tag mindestens einmal.

Kannst du dich noch erinnern, wann und wie du zum ersten Mal wahrgenommen hast, dass Körper unterschiedlich sind und Körper bewertet werden? Welche Bewertung gab es für deinen Körper?

Während der Pubertät wurde mein Körper weiblich rund. Ich habe z. B. lange Zeit versucht, meinen Busen durch eine gebeugte Körperhaltung zu verbergen, bis ein Mann mir sagte, dass ich meinen Körper nicht verstecken muss. Dieser Mann hat es geschafft, dass ich nach außen hin „die schöne Frau an seiner Seite“ war. Ich war immer perfekt gestylt, immer schick in Schale und wo auch immer mein Mann und ich hinkamen, waren wir „das schöne, perfekte Paar“.

Was hat dich in deinem Leben besonderen KörperMUT gekostet?

Ich habe mit 27 Jahren als frisch gebackene Mutter in kurzer Zeit alle Haare, sowohl auf dem Kopf als auch am Körper, verloren. Mit diesem Verlust wich auch mein gesamtes Selbstwertgefühl.

Mein Körper hat mir eindeutig gezeigt, dass ich mich auf mich konzentrieren muss. Hier half mir der Mann an meiner Seite nicht wirklich; er war Alkoholiker und ich war hochgradig co-abhängig. So durfte ich aber lernen, dass ich nur für mich selbst und für meine kleine Tochter Verantwortung übernehmen kann und muss. Meine Lebensziele wurden allerdings über den Haufen geworden. Ich lebte in einem großen Haus, aus dem ich ausziehen musste, hatte zu dem Zeitpunkt kein eigenes Einkommen und wollte nicht alleinerziehend sein.

Ich habe mich trotz enormer Ängste von dem Mann getrennt und Verantwortung für mein Leben allein (und natürlich für meine Tochter) übernommen.

Was war dabei deine größte Angst?

Ich hatte große Angst vor dem Alleinsein.

Eine Frau ohne Haare macht den Menschen Angst und viele haben keinen Mut, sich ehrlich damit auseinanderzusetzen. Oft werde ich als krebskrank angesehen. Das ist das, was die Menschen kennen und was ihnen wiederum Angst macht.

Zudem war ich ja – in meinem Kopf und durch das gestörte Selbstbewusstsein – keine richtige Frau mehr. Haare sprechen viele Menschen sehr an, u. a. sind sie auch ein Sex-Appeal. Ich hatte nun keine Haare mehr. „Welcher Mann will denn eine Frau ohne Haare? Wer traut sich, sich mit mir zu zeigen?“, habe ich mich oft gefragt.

Wie hast du den MUT gefunden, es trotzdem zu tun?

In meiner Verzweiflung habe ich u. a. die Angehörigen-Gruppe der Anonymen Alkoholiker – die „Al Anons“ aufgesucht. Dort habe ich gelernt, dass nur ich für mich etwas ändern kann und kein anderer Mensch. Zudem habe ich mir therapeutische Hilfe geholt.

Eine große Stütze waren und sind meine Familie und meine Freunde. Wir haben viel geredet, geweint und auch wieder gelacht und sind immer füreinander da.

Und irgendwann gab es Situationen, die ich einfach gemacht habe und das fühlte sich gut an. Ich bin immer mehr aus meinem Schneckenhaus herausgekrochen und habe durch immer mehr positive Erfahrungen zu neuem Selbstbewusstsein gefunden. Zum Beispiel habe ich einer Freundin (einer Fotografin) erlaubt, Fotos von mir zu machen. Beim ersten Betrachten fand ich die Bilder fürchterlich! Ich fragte mich: „So sehen die Menschen mich also?“ Und je öfter ich die Bilder angesehen habe, umso mehr konnte ich akzeptieren, dass ich tatsächlich so aussehe, wie meine Familie und Freunde mich sehen: ohne Haare und dennoch schön!

Würdest du sagen, du hast Frieden mit deinem Körper geschlossen?

Eindeutig ja. Heute sage ich sogar „danke“ zu dem Haarausfall. Dieser hat es mir ermöglicht, zu mir zu finden und ich zu sein. Ich bin nach wie vor ohne Haare und zeige das auch. Wer mich heute kennenlernt, lernt wirklich mich kennen.

Was siehst du, wenn du heute in den Spiegel schaust?

Ich sehe eine wunderschöne Frau Anfang 50 mit ganz viel positiver Ausstrahlung und innerer Zufriedenheit.

Was möchtest du Menschen zurufen, die ihren Körper ablehnen und abwerten?

Wenn man der Meinung ist, man müsse es einem Menschen recht machen, dann sollte man bei dem Menschen anfangen, der einem an Nächsten steht: bei sich selbst!

Prinzip 4 – Alles ist Energie

Ich glaube daran, dass alles Energie ist, dass wir Energie sind. Weil ich es spüren und fühlen kann. Den energetischen Körper des anderen, die Stimmungen und Konflikte im Raum. Auch unsere Gedanken sind Energie und haben eine große Kraft.

Wenn du jetzt abwinkst, weil du diese Erfahrung noch nicht gemacht hast, dann lass mich kurz die Wissenschaft heranholen:

- Mittlerweile gibt es Arm-Prothesen, die die Träger*innen über ihre Gedanken steuern können.
- Wir wissen, dass positive Gedanken und Zuversicht bei einer Erkrankung dazu führen können, dass unsere Selbstheilungskräfte aktiviert werden und wir schneller wieder gesunden.
- Wir wissen, dass es einen Placebo-Effekt gibt, der sich auch nur über die Kraft der Gedanken, sprich dass, woran ich glaube, passiert auch in meinem Körper, erklären lässt.
- Wir können wissenschaftlich belegen und messen, dass Ärger und andere negative Emotionen unser Immunsystem für mehrere Stunden schwächen können.

Unsere Gedanken verpuffen nicht, nachdem sie gedacht sind, sondern wirken in unserem Körper, in unseren Zellen und in der Welt. Sie sind Energie, die sich wandelt und verändert und nicht verlorengeht. Die Frage ist also, welche Energie wollen wir aussenden, wenn es um unseren Körper geht?

Wenn du darauf achtest, kannst du täglich spüren, dass unsere Gedanken die Macht haben, Gefühle auszulösen oder zu intensivieren und damit auch Einfluss auf körperliche Symptome haben.

Dir fällt ein, dass du einen Termin vergessen hast, zack wird dir warm und du fängst vielleicht an zu schwitzen. Wahrscheinlich kann man den Gedanken „Shit, ich hätte mich vor 10 Minuten in den Call einwählen müssen“ auch an deinem Blutdruck ablesen oder an der Ausschüttung deiner Hormone nachweisen.

An diesem Beispiel wird deutlich, dass unsere Gedanken eine große Kraft haben und die Farbe unserer Gedanken unser Leben bestimmen.

Dir wird klar, dass deine abwertenden Gedanken und negativen Bewertungen eben nichts sind, dass sich, nachdem du es gedacht und gefühlt hast, einfach in Luft auflöst. Sie sind Energien und Signale, die auch in deinem Körper und in jeder Zelle ankommen.

Deine negativen Gedanken über dich selbst sind im Gehirn messbar. Deine negativen Gedanken und der ständige Fokus darauf, dass dein Körper hässlich, nicht wertvoll oder nicht liebenswert ist, hat vielleicht sogar Einfluss auf dein Immunsystem, auf die Ausschüttung von Hormonen und natürlich auch darauf, wie du durch die Welt gehst und auch anderen Menschen begegnest. Deine Gedanken wirken auf allen Ebenen. Sie bestimmen deine Ausstrahlung und das, was die Menschen von dir neben dem, was du sagst, eben auch wahrnehmen und spüren. Ich kann oft schon am Gang, an der Körperhaltung und am Energiefeld erkennen, ob sich jemand mit seinem Körper gut fühlt oder sich lieber verstecken möchte.

Ich selbst habe viele Jahre damit zugebracht, meine Brüste hässlich zu finden. Früher waren sie mir nicht rund genug, zu klein, hatten nicht die richtige Form. Ich habe mich oft, gerade wenn ich in einer neuen Partnerschaft war, für meine Brüste geschämt und sie, solange es irgendwie ging, versteckt oder davon abgelenkt. Als ich älter wurde, hatte plötzlich die erste Frau in meinem Freundeskreis Brustkrebs und ich habe mich zum ersten Mal so richtig ernsthaft mit meiner Brust-Gesundheit, Vorsorge und dem Abtasten beschäftigt.

Irgendwann habe ich dann verstanden, dass es nicht förderlich für die Gesundheit meiner Brüste sein kann, wenn sie jeden Tag innerlich beschimpft werden. Ich habe angefangen, meine Brüste regelmäßig abzutasten und habe ihnen gleichzeitig Wertschätzung und Dankbarkeit ausgesprochen:

Danke, dass ihr gesund seid. Schön, dass es euch gibt. Ich freue mich jeden Tag über euch.

Ich habe mich mehr und mehr mit ihnen angefreundet und mich auf diesem Weg der Wertschätzung und des liebevollen Zuwendens irgendwann sogar ein bisschen in sie verliebt.

Finde ich, dass ich die perfekten Brüste habe? Nein. Aber es sind meine, sie gehören zu mir, ich liebe sie und an viele Tagen gefallen sie mir richtig gut. Mittlerweile laufe ich sogar sehr oft ohne BH rum und mache mir keine Gedanken mehr darüber, ob es perfekt aussieht, sondern vielmehr darüber, wie ich mich damit fühle. Und ehrlich gesagt, ich fühle mich ohne BH oft ein Stück freier und mehr mit mir und meinem Körper verbunden.

Das hat mich befreit von der Idee, dass ich meine Brüste nur mögen und schön finden kann, wenn sie perfekt sind. Und immer, wenn ich besonders liebevoll an meine Brüste denke, habe ich das Gefühl, sie freuen sich und hüpfen fast ein wenig.

Die eine Sache, die alles verändern kann

Bevor wir jetzt zu der einen Sache kommen, die alles verändern kann, lass uns nochmal schauen, was du schon alles in deinem Koffer für mehr Körperakzeptanz und KörperMUT hast.

Du kennst bereits gute Übungen aus den anderen Prinzipien und diese helfen auch hier natürlich ganz wunderbar, die Energie zu shiften.

- ♥ Die Gedankenhygiene (aus dem dritten Prinzip) sorgt dafür, dass du nach und nach mehr positive Gedanken zu deinem Körper kultivierst. Und immer, wenn du einen negativen Gedanken stoppst und ihn dann mit einer positiven, wertschätzenden Affirmation ersetzt, erlaubst du dir in einer besseren Energie zu sein und Freude, statt Stress oder Druck, in deine Zellen zu senden.

Es braucht eine freundliche Disziplin, um dranzubleiben, und ein Gedanke ist genau dafür sehr hilfreich: „Ich möchte Chef / Chefin in meinem Kopf werden. Ich möchte nicht mehr ausgeliefert sein und einfach die Denkgewohnheiten wiederholen, für die ich mich NIE bewusst entschieden habe."

Du wirst sehen, wenn du dranbleibst, schleichen sich nach und nach immer mehr gute Gedanken über deinen Körper in dein Leben ein.

♥ Eine weitere Übung, die jetzt sehr gut helfen kann, dieses KörperMUT Prinzip zu integrieren und zu leben, ist das freundliche Zuwenden zu den Körperteilen, die du am meisten ablehnst. Die Übung kennst du aus dem zweiten Prinzip und sie funktioniert ähnlich, wie ich es mit meinem Doppelkinn gemacht habe. Kontakt aufnehmen mit diesem Körperteil, ihm Liebe und Wertschätzung schenken und sich auch ganz körperlich – also anfassen, massieren, streicheln – nähern. So gibt es auch manchmal die Chance, dass zwar etwas dir im Spiegel nicht gefällt, aber du beim Anfassen eine ganz neue Qualität entdeckst. Sei neugierig und offen, was sich auf einmal verändern darf.

Und jetzt kommt noch die eine Sache, der große GAME-CHANGER für dieses Prinzip: Die Dankbarkeitspraxis!

Das Schlimmste, was du jetzt machen kannst, ist zu denken oder zu sagen: „Ach, Dankbarkeit, kenne ich schon. Weiter im Text."

„Kenne ich schon" ist übrigens ein super Befehl für dein Gehirn, jetzt auf Autopiloten zu schalten und diese Zeilen vielleicht noch zu „lesen", aber nicht mehr wirklich aufmerksam und bewusst zu verstehen. Vielleicht denkst du auch, es ist abgedroschen, das machen doch alle, was soll das denn hier bringen oder vielleicht auch, habe ich viele Jahre gemacht, war super.

Wie bei allen Übungen oder Methoden, die ich selbst nutze oder auch lehre, gilt auch hier: Du wirst die Kraft einer Übung nur erleben, wenn du es wirklich ausprobierst, sprich, ab jetzt bewusst Dankbarkeit für deinen Körper zu spüren. Und das nicht nur einmal, sondern über einen längeren Zeitraum.

Das Gefühl von Dankbarkeit oder vielmehr die Energie von Dankbarkeit ist hoch schwingend und hat eine große Transformationskraft. Dankbarkeit kann sofort die Haltung in uns verändern. Wir können nicht gleichzeitig dankbar für etwas sein und es ablehnen. Und wir können über Dankbarkeit lernen, dass es nicht die Aufgabe unseres Körpers ist, perfekt und makellos zu sein.

Wenn du also das Prinzip, dass alles Energie ist, auch unsere Gedanken, gut für dich und deinen Körperfrieden nutzen möchtest, dann fang an, jeden Tag etwas an deinem Körper zu finden, wofür du wirklich dankbar bist.

Wenn du sowieso schon ein Dankbarkeitstagebuch führst oder abends vorm Schlafengehen alles aufzählst, wofür was du an diesem Tag dankbar warst, dann nimm ab jetzt aktiv eine Sache dazu, die deinen Körper betrifft.

Unsere Beine brauchen keine besondere Form, damit wir dankbar anerkennen können, dass sie uns den ganzen Tag getragen haben. Vielleicht musstest du der Bahn hinterherrennen und du hast sie noch bekommen? Wieder ein Grund, für diesen wunderbaren Körper dankbar zu sein.

Oder du hast deine Kinder umarmt oder vielleicht dein Kind gestillt? Deine Partnerin hat dich liebevoll umarmt und du hast dies mit jeder Zelle deines Körpers genossen? Du hattest keine Schmerzen? Du hattest eine Erkältung und so langsam merkst du, wie du wieder fit wirst und die Lebensgeister in dir wach werden? Dein Herz schlägt jeden Tag kraftvoll und gleichmäßig für dich?

Alles Gründe, in das Gefühl der Dankbarkeit für deinen Körper einzutauchen, denn durch ihn kannst du fühlen, erleben und auch genießen. Und das unabhängig davon, ob er alt, jung, groß, klein, dick oder dünn ist.

Wenn du Einschränkungen hast, krank bist oder dein Körper schmerzt, dann machst du vielleicht keine Luftsprünge vor Dankbarkeit. Vielleicht hast du sogar ordentlich Wut, weil es ungerecht ist, dass andere Menschen gerade in der Sonne spazieren gehen, und zwar schmerz- und sorgenfrei – zumindest sieht es danach aus. Dann rufe ich dir zu, geh dann erst recht in die Dankbarkeit. Weil du es genau jetzt besonders nötig hast, etwas zu finden, wofür du dankbar bist. Wirklich dankbar. Denn das wird dich rausholen aus den Sorgen, dem Ärger, dem Schmerz und allen Emotionen, die vielleicht an deiner Situation hängen.

Wenn es dir gerade zu schwerfällt, für deinen Körper dankbar zu sein und diese Dankbarkeit auch zu spüren, dann kannst du mit einem anderen Thema beginnen, für das du dankbar bist. Vielleicht versorgt dich gerade jemand liebevoll? Jemand hat angerufen, um zu fragen, wie es dir geht? Für dich ist gut gesorgt, weil genug Geld da ist? Fang einfach an, alles aufzuschreiben, wofür du in diesem Moment Dankbarkeit empfindest. Fühl sie. So richtig.

Und lass dich von dir selbst überraschen, dass du, einmal angefangen mit der Dankbarkeit, sicher doch noch etwas findest, wofür du deinem Körper dankbar sein kannst.

Hier nochmal eine kleine Anregung von mir, für schwere Tage:

- ♥ Ich bin dankbar für mein Herz, was für mich jeden Tag schlägt.
- ♥ Ich bin dankbar für meinen Atem, der fließt, ohne dass ich darüber nachdenken oder etwas dafür tun muss.
- ♥ Ich bin dankbar dafür, dass mein Körper mir dieses Leben ermöglicht.
- ♥ Ich bin dankbar dafür, dass mein Körper immer wieder sein Bestes gibt.
- ♥ Ich bin dankbar dafür, dass mein Körper nicht aufgibt.
- ♥ Ich bin dankbar für meinen Körper, einfach weil er da ist.

Wenn du Dankbarkeit für deinen Körper jeden Tag mehr und mehr spüren kannst, dann ist die nächste Stufe, die Selbstliebe, nicht mehr weit entfernt. Dankbarkeit öffnet unser Herz für uns selbst, für unseren wunderbaren Körper und lässt uns wieder bewusst wahrnehmen, dass dieses Leben ein besonderes ist. Dass jeder Körper wertvoll ist, so wie jeder Mensch wertvoll ist. Und ehe du dich versiehst, bist du da angekommen, wo du hinwolltest: Bei dir und im Frieden mit deinem Körper!

Credit: © Manuela Engelking

Ich bin eine außerordentlich vielseitige, hoch emphatische Person mit einem riesigen Herz und einer guten Connection nach „oben“. Mittlerweile mache ich, was immer mich gerade ruft. Bisher habe ich die meiste Zeit als Sängerin, Gesangslehrerin, Moderatorin und Fernsehredakteurin gearbeitet. Die letzten vier Jahre habe ich als VOICE & VIDEOCOACH Frauen dabei geholfen, sich vor der Kamera wohlzufühlen und ihr Business bestmöglich via Video zu vermarkten.

Kannst du dich noch erinnern, wann und wie du zum ersten Mal wahrgenommen hast, dass Körper unterschiedlich sind und Körper bewertet werden? Welche Bewertung gab es für deinen Körper?

An das erste Mal erinnere ich mich nicht, aber meine sechs Jahre ältere Schwester war bei uns zu Hause immer der Standard für schön und ich für klug. Wir sahen sehr unterschiedlich aus.

Was hat dich in deinem Leben besonderen KörperMUT gekostet?

Auf der Bühne zu stehen und zu singen oder zu moderieren, hat mich ursprünglich nicht sonderlich viel KörperMUT gekostet, denn ich kann singen und unterhalten. Dessen war ich mir immer bewusst. Aber als Sängerin „verkaufst“ du immer auch deine Optik. Da habe ich sehr oft scharfe Kritik für einen völlig der Norm entsprechenden Körper abgekriegt. Zunächst von meiner damaligen Plattenfirma, die das Video erst drehen wollte, nachdem ich „mächtig" abgenommen hatte, und später in einer Musical-Show, die von nicht sonderlich emphatischen bzw. zimperlichen Menschen geleitet wurde. Zitat: „Du kannst froh sein, dass du so gut singen kannst, denn mit diesem Körper gehörst du nicht auf eine Bühne." Damals war ich eine Größe 40.

Was war dabei deine größte Angst?

Angst bezüglich meines Körpers hatte ich nie. Vielmehr Scham. Ich habe angefangen, mich für einen völlig gesunden, intakten, weiblichen Körper zu schämen und das Gefühl in mir, nicht gut und nicht schön genug zu sein, wurde, wie in meiner Kindheit, aufs Intensivste gespeist.

Wie hast du den MUT gefunden, es trotzdem zu tun?

Ich habe als Sängerin und Moderatorin meinen Lebensunterhalt verdient. Ich hatte nicht die Wahl, denn die Miete wollte ja bezahlt werden. Aber die Freude und mein Selbstwertgefühl sind dabei sukzessive flöten gegangen ...

Würdest du sagen, du hast Frieden mit deinem Körper geschlossen?

Im Groben schon. Ich weiß heute, dass mein Körper zu der Zeit, wo er am meisten kritisiert wurde, wirklich toll war. Ich war nie ein Model und wollte nie eins sein. Damals haben mir unverschämte Menschen ihre selbstzerstörerischen Werte in den Kopf geschissen. Die habe ich gehen lassen. Aber der Anspruch, als Frau immer sexy, schön und jung zu sein, ist nicht nur hirnrissig, sondern auch allgegenwärtig ... Kollektive Paradigmen machen es uns Frauen nicht zwingend leicht, uns mit uns gut zu fühlen. Aber in 80 % der Zeit zeige ich denen meinen mentalen Mittelfinger. Gelingt mir immer besser! #bosswitsch ...

Was siehst du, wenn du heute in den Spiegel schaust?

Im Augenblick die müde Mutter eines Zweijährigen, der nicht durchschläft. Darüber hinaus sehe ich aber immer auch eine extrem coole Maschine mit einem riesigen Herz, 'ner Menge Chuzpe und 'ner Message für die Welt. Ich weiß, je mehr ich mich akzeptiere, annehme und liebe, umso eher tun das auch mein Sohn und mein Umfeld. So, it's my Job and I'm fucking doin' it!

Was möchtest du Menschen zurufen, die ihren Körper ablehnen und abwerten?

Ich verstehe das, was du fühlst, aber diese Gefühle wurden dir antrainiert, sie entspringen nicht wirklich deinem Inneren. Leider lernen wir nicht in der Schule, wie wir (kollektive) Paradigmen loswerden und ein gesundes Selbstbild bzw. einen gesunden Selbstwert entwickeln. Deswegen habe ich es zu meiner Aufgabe gemacht, genau das in die (weibliche) Welt zu bringen und diesem Thema ein ganzes Buch gewidmet. #WirsinddieTöchterderHexendieIhrnichtverbrennenkonntet

PS: Tanja, ich danke dir, dass du dich dieses Themas angenommen hast. Unsere Spezies überlebt aufgrund des weiblichen Körpers und seiner Fähigkeiten. Er gehört verdammt noch mal gefeiert, in jeglicher Ausführung und auf jede nur erdenkliche Weise!!!

Mehr zu Jasmin Gonzalez erfahren? ↗ https://www.jasmingonzalez.de

Prinzip 5 – Jeder Körper hat Liebe verdient

Jeder Körper hat bedingungslose Liebe verdient, zumindest von dem Menschen, der in ihm wohnt.

Dass Liebe kein Geschäft ist, dass der Weg nie sein kann: „Gib mir genau das, was ich will, lieber Körper, dann kann ich dich auch lieben", das hatten wir ja schon. Das führt geradewegs in die Sackgasse, an deren Ende Frust, Wut, Ärger und Scham wohnen. Aber dort wollen wir ja nicht hin, sondern in die bedingungslose Selbstliebe.

Im letzten Kapitel habe ich dir gezeigt, wie du dieser Liebe über die Dankbarkeitspraxis Stück für Stück näherkommen kannst.

Jetzt möchte ich dir noch einen guten Grund mehr geben, warum es sich wirklich lohnt, diesen Weg zur Selbstliebe zu gehen:

Liebe heilt. Liebe verzeiht. Liebe führt uns nach Hause, zu uns selbst. Wir alle sehnen uns nach Liebe. Wir wollen geliebt werden und wir wollen lieben, aus vollem Herzen, und zwar so, als wären wir noch nie verletzt worden.

Wenn wir Kinder haben, dann ist es das Natürlichste der Welt, diese vom ersten Atemzug an zu lieben. Es scheint unsere Grundeinstellung als Mensch zu sein. Bezogen auf den Körper, entsteht für mich noch etwas anderes im Angesicht der Liebe. Einmal in der Selbstliebe angekommen, fangen wir an, unsere wahre Schönheit zu entdecken. Damit meine ich eben nicht die, die uns das Schönheitsideal vorgibt, sondern unsere ganz eigene, individuelle, innere, wahre Schönheit wird sichtbar.

Es gibt Menschen, wenn die einen Raum betreten, dann geht das Licht an. Das hast du sicher schon mal erlebt, entweder bei dir selbst oder bei jemand anderen. Und nun schau mal, wie diese Menschen aussehen. Meist kommt man damit nicht hinter das Geheimnis ihrer Ausstrahlung. Meiner Erfahrung nach strahlen Menschen, die sich wirklich voll und ganz annehmen, sich selbst wertschätzen und lieben, etwas Besonderes aus. Was wir wahrnehmen ist das Strahlen ihrer Dankbarkeit, ihrer Liebe und der Souveränität, Entspannung und Freude, die daraus entstehen.

Aus einer spirituellen Perspektive betrachtet, könnte man sagen, die schwingen eben hoch. Die höchste Schwingung haben nämlich die Gefühle Dankbarkeit, Liebe, Freude, Akzeptanz und MUT.

Aber viel wichtiger als diese Außenwirkung ist eben, dass DU im Angesicht DEINER Liebe wieder DEINE SCHÖNHEIT entdecken und sehen kannst.

Ich kann dies aus meiner eigenen Erfahrung mit meinen Oberarmen, meinen Brüsten, meinem Doppelkinn und meinem Gewicht mittlerweile bezeugen. Ich kann Schönheit in mir sehen, und zwar, ohne dem Schönheitsideal zu entsprechen oder ein bestimmtes Gewicht zu haben.

Ich möchte ich dir jetzt noch zwei wunderbare Dinge mitgeben, die du tun kannst, um dich noch mehr in den wichtigsten Menschen in deinem Leben zu verlieben, in DICH selbst.

Ein Liebesbrief und ein wunderbares Ritual

Eine sehr schöne und einfache Möglichkeit, sich selbst Wertschätzung und Liebe zu zeigen, ist, einen Liebesbrief an sich selbst zu schreiben. Vielleicht hast du das sogar schon mal gemacht? Oder du wolltest es schon immer, aber es ist dir schwergefallen? Vielleicht bist du ja jetzt so weit, einen neuen Versuch zu starten, weil dein Blick auf dich und deinen Körper sich schon verändert hat.

Dann möchte ich dich einladen, genau dies jetzt zu tun. Einen richtig schönen, wertschätzenden und liebevollen Brief an deinen Körper zu schreiben.

Nimm dir dafür Zeit, mache es dir gemütlich, vielleicht magst du dir eine Kerze anzünden und schöne Musik anmachen. Vielleicht gehst du vorher in die Badewanne, verbringst Zeit mit dir und verbindest dich mit deinem Körper. Gestalte es so, wie es für dich passt. Nur mach es auch, und zwar nicht nur im Geiste, sondern tatsächlich mit Stift und Papier. Diesen Brief kannst du dir aufhängen oder immer mal wieder lesen. Hier kommen direkt noch ein paar Fragen als Anregung, falls es dir schwerfällt, diesen Brief zu schreiben:

- ♥ Wofür bist du deinem Körper dankbar?
- ♥ Was magst du besonders an deinem Körper?
- ♥ Was findest du schön an deinem Körper?
- ♥ Was schätzt du, was dein Körper dir ermöglicht?
- ♥ Welche tollen Dinge hast du schon erlebt mit deinem Körper?

Wenn du möchtest, lade dir das zauberhafte Liebesbrief-Papier herunter, das ich für dich vorbereitet habe, dann macht es vielleicht noch mehr Spaß.

Lieber Körper,

Ich liebe Dich!

Deine

Vielleicht brauchst du ein paar Anläufe für diesen Brief. Lass dich nicht entmutigen und bleib geduldig mit dir. Wenn wir viele Jahre damit verbracht haben, sehr kritisch auf unseren Körper zu schauen und mit ihm umzugehen, dann ist es nicht so einfach, mit großer Liebe auf sich selbst zu schauen. Aber so wie der MUT ein Muskel ist, den wir trainieren können, ist auch der liebevolle Blick auf uns etwas, das wir trainieren und kultivieren können. Manchmal brauchen wir einfach einen Anlauf mehr und eine Portion Geduld mit uns selbst.

Für die, die schon längst den Stift rausgeholt haben und loslegen wollen, kommt hier noch die eine oder andere Idee: Du kannst dir auch ein eigenes Notizbuch kaufen, um immer wieder Liebesbriefe an deinen Körper zu schreiben. Oder du hängst überall in deiner Wohnung Liebesbotschaften auf Post-Its auf. So stolperst du im Laufe des Tages immer wieder über diese kleinen Zeugnisse deiner Liebe zu deinem Körper.

Wie auch immer du es machst, dein Körper und deine Seele werden sich darüber freuen und du wirst sehen, es macht einen großen Unterschied, ob du es wirklich tust oder nur darüber liest.

So, wie wir vielleicht unsere Partnerschaft mit solchen kleinen Liebesbotschaften pflegen, können wir es ab jetzt auch mit unserem Körper tun. Leg los und lass dich überraschen, wie wirksam die Übungen und kleinen Schritte aus den sieben Prinzipien für mehr KörperMUT sind und wie nach und nach dein Blick auf dich selbst immer weicher und liebevoller wird.

Zur Intensivierung möchte ich dir noch ein weiteres Ritual anbieten, welches ich selbst schon mehrmals gemacht habe und welches auf tiefer Ebene kraftvoll und heilsam ist.

Ich will vorab nicht zu viele Worte darüber verlieren, wie dieses Ritual wirkt. Aber so viel sei gesagt: Im Grunde genommen durchläufst du darin nochmal alle Stufen, die du auch mit diesem Buch durchlaufen hast. Im ersten Schritt schaust du dir mutig an, was ist, aber eben ohne Bewertung, nur hinschauen, sehen und aussprechen. Du lässt alle Emotionen zu, die nun mal da sind. Dann triffst du die Entscheidung, jetzt Frieden mit deinem Körper zu schließen und etwas Neues einzuladen. So wird der Weg frei, dich wirklich komplett anzunehmen und zu lieben.

Freu dich darauf, auch wenn das Ritual natürlich Kraft kostet, weil es nicht einfach ist, sich all den Fragen zu stellen. Am Ende wird es zu einem wunderbaren Ergebnis führen. Wie gesagt, ich habe es schön öfter gemacht, und jedes Mal trägt es eine weitere Schicht Ablehnung, Abwertung und Scham ab und macht es mir leichter, liebevoll in den Spiegel zu schauen und im Auge der Liebe meine wahre Schönheit zu sehen.

So kannst du dieses Ritual für dich durchführen:

Ziehe dich an einen Ort zurück, wo du ungestört sein kannst. Du brauchst für diese Ritual einen Ganzkörperspiegel. Sorge dafür, dass es angenehm warm ist und du dich wohlfühlen kannst. Ich würde mindestens eine halbe Stunde für das Ritual einplanen. Ein guter Zeitpunkt für dieses Ritual ist der Abend, vielleicht sogar kurz bevor du ins Bett gehst. So musst du danach nicht noch für jemanden da sein oder etwas erledigen, sondern kannst in deiner Energie bleiben.

Zieh dich bitte nackt aus, stell dich vor den Spiegel und schau dir selbst in die Augen. Nicht nur ganz flüchtig, sondern wirklich für ein paar Minuten. Wenn du das Gefühl hast, du bist gut mir dir verbunden und hast dich wirklich angeschaut, dann lass langsam den Blick über deinen ganzen Körper gleiten. Schau dein Spiegelbild genau an und nimm alle Facetten deines Körpers wahr.

1. Die Beichte

Im ersten Schritt darfst du nun noch mal alles rauslassen, was du nicht an dir magst, was du ablehnst, was dich nervt und wofür du dich vielleicht noch schämst. Weite das Ritual gerne auch über deinen Körper hinaus aus. Wir sind ja immer alles: Körper, Geist und Seele. Sprich also alles an und aus, was dir in den Sinn kommt.

Vielleicht deine Faulheit, deine Angst, den Stress, gebrochene Versprechen an dich selbst, Abwertung, zu viel Disziplin / Strenge / Kontrolle, oder auch zu wenig, deine zu dicken Beine, die krumme Nase, die Haare, die langsam ausgehen, die Falten oder Dellen – was auch immer.

Aber Achtung: Es geht nicht darum, dich selbst zu beschimpfen, sondern eher wie in einer Beichte alles laut, deutlich und ganz bewusst auszusprechen, wofür du noch ein NEIN in dir hast. Lass dir Zeit und spüre, was du dir beichten möchtest.

Vielleicht erinnert es dich ein wenig an deine erste Übung in diesem Buch (Erstes Prinzip, radikale Annahme, Seite 106). Genauso ist es auch gemeint. Alles, was hochkommt, darf ausgesprochen werden. Die Angst, sich nicht annehmen zu können. Der Stress, den du damit hast. Die Falten, mit denen du dich noch nicht angefreundet hast. Es ist ein Selbstdialog, der aber eben noch nicht positiv sein muss.

Ich empfehle dir, alles laut auszusprechen, natürlich kannst du es auch aufschreiben. Dann schreib es bitte auf lose Blätter, die du später dem Feuer übergeben kannst, also nicht in dein Notizbuch oder Journal. Du möchtest dir diese Dinge zwar anschauen und sichtbar machen, aber danach nicht länger mit dir rumtragen.

2. Schließ Frieden mit dir und all deinen Anteilen

Irgendwann wirst du das Gefühl haben: Jetzt ist es genug! Alles ist gesagt. Atme dann tief durch und sage dir selbst:

Ich bin jetzt bereit, Frieden mit mir zu schließen.

Ich bin jetzt bereit, wahrhaftig und ganz JA! zu mir und meinem Körper zu sagen.

Auch wenn ich vielleicht noch nicht ganz weiß, wie das geht, ich bin jetzt bereit dazu.

Atme noch mal ganz tief durch. Wenn du das Bedürfnis hast, dann sprich die Sätze gerne noch mal aus. So lange, bis es sich richtig anfühlt und du dir selbst glauben kannst.

Wie immer gilt: Mach es in deinem Tempo und auf deine Art und Weise. Du bist die Chefin, der Chef in deinem Leben und weißt am besten, wie es für dich passt.

Falls du die Übung schriftlich machst, kannst du diesen Teil gerne wieder in dein Notizbuch schreiben. Wenn du deine Friedenserklärung wirklich fühlen kannst, dann mach den nächsten Schritt.

3. Eine Liebeserklärung an dich und deinen Körper

Schau dich weiter im Spiegel an und sag dir nun, dass du dich liebst. Du kannst es so formulieren, wie es für dich passt:

- Ich liebe mich, so wie ich bin.
- Ich liebe dich, so wie du bist.
- Ich liebe dich, meinen Körper, so wie du bist.

Jeder Mensch ist anders und deshalb ist es wichtig, die Formulierung zu finden, die in dir etwas auslöst. Probiere einfach mal alles aus, dein System wird bei der richtigen Formulierung reagieren.

Zähle nun all die Dinge auf, die du bis jetzt noch an deinem Körper ablehnst oder nicht schön findest, aber setze ein „ich liebe“ davor.

- Ich liebe meinen weichen, großen Bauch.
- Ich liebe meinen dicken Hintern.
- Ich liebe meine starken, kräftigen Beine.
- Ich liebe mein Doppelkinn.

Auch hier gilt, lass alles raus. Sprich alles aus. So lange, bis du es fühlen kannst.

Sag JA! zu dir und allem, was zu dir gehört. Liebe alles, was zu dir gehört. Spüre den damit verbundenen Frieden und die Entspannung, die sich einstellt, wenn es für einen Moment kein NEIN mehr in uns gibt.

Wenn du das Gefühl hast, fertig zu sein, bedanke dich bei dir selbst für dieses wunderbare und heilsame Ritual und gehe am besten danach direkt ins Bett. So kann dein System alles gut verarbeiten und sich neu sortieren.

Sorge vor und nach dem Ritual dafür, dass du ausreichend Wasser trinkst. Du und dein gesamtes System haben viel innere Arbeit geleistet und einiges in dir wird sich neu sortieren. Damit Altes abfließen kann, braucht dein Körper jetzt viel Wasser und auch Ruhe.

Und dann schau mal, wie es dir am nächsten Morgen geht: Vielleicht fühlst du dich ein bisschen wie neu geboren, hast eine Menge Ballast von dir geworfen oder kannst beobachten, dass dein Blick auf dich liebevoller geworden ist und du dich schon ein Stück mehr annehmen kannst.

Noch eine kleine Anmerkung für alle, die einen sehr kritischen und alles hinterfragenden Verstand haben: Natürlich wird EIN Ritual nicht alles über Nacht verändern. Wir können nicht jahrelang Abwertung in uns pflegen und dann mit einer halben Stunde

Ritual alles wegwischen und das Gegenteil glauben und leben. Aber du solltest nicht unterschätzen, was diese bewusste Arbeit mit allen Anteilen in uns bewirken kann.

Meine Empfehlung ist: Sie neugierig und offen und glaube daran, dass ALLES möglich ist. Sei gleichzeig bereit, Zeit zu investieren, geduldig zu bleiben und zu trainieren. Für mehr Glück, Gesundheit, Freude und Frieden mit dir und deinem Körper, für Annahme, Selbstliebe und damit für ein Leben aus vollem Herzen.

Alexandra Baumann

Credit: privat

Ich bin Alexandra, Bewegt bewegen Coach, Wandervogel und Autorin.

Kannst du dich noch erinnern, wann und wie du zum ersten Mal wahrgenommen hast, dass Körper unterschiedlich sind und Körper bewertet werden? Welche Bewertung gab es für deinen Körper?

Ich kann mich noch ganz genau an den Moment erinnern, als ich das erste Mal eine Bewertung respektive konkret eine Abwertung meines Körpers wahrnahm. Ich war ungefähr vier Jahre alt und hüpfte im Nachbarsgarten fröhlich auf dem Trampolin herum. In diesem Moment sagte ein Junge zu mir „Du bist so eine richtig dicke, fette Tonne.“ Meine Fröhlichkeit brach in sich zusammen und ich begann damit, meinen Körper als „falsch“ wahrzunehmen. Dieses Gefühl begleitet mich – in unterschiedlichen Ausprägungen – bis heute.

Was hat dich in deinem Leben besonderen KörperMUT gekostet?

Ich habe in einer Doku-Sendung zum Thema „Macht Schönheit glücklich?“ mitgemacht. Zwischen Models und Bodybuildern fiel ich optisch ziemlich aus der Reihe. Es kostete mich ziemlich viel KörperMUT, meinen Körper beim Workout zu zeigen und ihn unweigerlich dem Vergleich mit den anderen Protagonist*innen „auszusetzen“.

Auf einer anderen Ebene brauchte ich meinen ganzen KörperMUT diesen Sommer, als ich das erste Mal in meinem Leben auf einen Klettersteig ging. Meinen Körper an einer gefühlt senkrechten Wand hochzuziehen, war ein ziemlicher Kraftakt – körperlich wie auch mental.

Was war dabei deine größte Angst?

In der TV-Dokumentation war sicher einiges an Sorge dabei, dass ich vom Publikum bewertet würde. Die Dreharbeiten fanden rund eineinhalb Jahre nach meiner Magenbypass-Operation statt und ich spürte, wie der Gedanke „Aber ich bin halt immer noch nicht schlank" wieder und wieder in mir hochkroch. Als ob es nur darum ginge! In diesem Moment wurde mir einmal mehr bewusst, wie stark ich selbst meinen Körper bewertete – diesen großartigen Körper, der mit mir wunderbare Wanderungen macht, der mich in meinem Alltag trägt und mich so vieles erleben lässt. Und womit dankte ich es ihm? Mit Abwertung.

Beim Klettersteig war meine größte Angst, in Panik zu verfallen und nicht mehr weiterzukommen, sozusagen an der Wand „hängenzubleiben" und nicht mehr das Vertrauen in mich zu finden, weiterzuklettern.

Wie hast du den MUT gefunden, es trotzdem zu tun?

Hier gilt meine Antwort für beide geschilderten Ereignisse: Weil Angst nur mehr Angst generiert – und ich wollte nicht in meiner Angst verharren, sondern Mut aufbauen! Bei der TV-Dokumentation fand ich unter anderem den Mut, auch „andere" Körper zu sehen, als objektiv „schöne". Beim Klettersteig war mein Transformationscoach und Personaltrainer Steve Hus der wichtigste Grund, warum ich es wagte. Ich wusste, wenn er zu mir sagt, DU schaffst das, wird es auch klappen. Und ich bin heute so wahnsinnig froh, dass ich beides gemacht habe. Ich durfte daran wachsen, Vertrauen in mich gewinnen und stärker werden.

Würdest du sagen, du hast Frieden mit deinem Körper geschlossen?

Frieden ist ein großes Wort und ich bin nicht sicher, ob ich es jemals in voller Überzeugung im Zusammenhang mit meinem Körper verwenden werde. Ich würde eher sagen, ich habe damit begonnen, mit meinem Körper und nicht gegen ihn zu arbeiten. In den vielen, vielen Jahren, in denen ich so stark übergewichtig war, arbeitete ich oft gegen ihn, gönnte ihm nicht genug Ruhe, wodurch ich vermehrt Lust auf süßes und fettiges Essen hatte – es war ein Teufelskreis. Der Weg zum vollkommenen Frieden mit meinem Körper ist ein langer Prozess, der noch viel Heilung brauchen wird. Ich kann aber heute sagen, ich mag meinen Körper immer mehr und kann anerkennen, was er leistet – und das macht mich auch immer häufiger stolz!

Was siehst du, wenn du heute in den Spiegel schaust?

Das ist sehr abhängig von der Tagesform. 😉 An guten Tagen sehe ich Lebensfreude, unzähmbare Locken, die zu mir passen, kräftige Beine, die mich überall hintragen, wo ich hinwill, weibliche Kurven, die mir gefallen, und ein lächelndes Gesicht. Ich sehe dann zwar nicht Perfektion – aber ich schaffe es, diese Imperfektion als etwas Schönes zu sehen.

An anderen Tagen – und von denen gibt es immer noch einige – sehe ich einen (zu) dicken Bauch, massige Oberschenkel und ein Doppelkinn, welches mich nervt. Aktuell ist die Hauptaufgabe in meinem Selbst-Coaching, dahin zu kommen, dass es immer mehr gute als andere Tage sein dürfen.

Was möchtest du Menschen zurufen, die ihren Körper ablehnen und abwerten?

Ich würde ihnen ein Kompliment machen und aussprechen, was mir an ihnen gefällt – auch wenn sie es vielleicht anders wahrnehmen. Und ich möchte ihnen sagen, dass unser Dasein hier viel zu wertvoll ist, um sich ständig gegen sich selbst aufzulehnen und gegen sich zu kämpfen. Denn das Leben ist so viel genussvoller, wenn wir im Frieden mit uns selbst sein können.

Mehr zu Alexandra Baumann erfahren? ↗ https://alexandrabaumann.ch

Prinzip 6 – In der Arena des Lebens

In der Arena des Lebens spielt die Musik, hier ist der Ort, wo sich unsere Träume erfüllen und wir wirklich frei und selbstbestimmt leben können. Sie ist meine Definition und mein Manifest für ein mutiges Leben. Wenn wir uns nicht in die Arena des Lebens trauen, dann bleibt uns nur die Zuschauerbank. Auch diesen Gedanken habe ich bereits mit dir geteilt.

In diesem sechsten Prinzip kommt noch mehr MUT in den Körper-MUT. Denn die ganze innere Arbeit soll natürlich am Ende dazu führen, dass du nicht nur gerne in den Spiegel schaust, Dankbarkeit für deinen Körper spüren kannst, ihn mit Wertschatzung behandelst und gute Gedanken über ihn hast, sondern dass du dich auch mit deinem liebgewonnenen Körper in die Welt traust.

Dass du dich ab sofort nicht mehr davon abhalten lässt, das Leben bei den Hörnern zu packen, was auch immer das für dich persönlich bedeutet.

Was auch immer dich bis jetzt abgehalten hat, welche Geschichten du dir bisher erzählt hast, weshalb du dieses oder jenes mit deinem Körper nicht machen konntest, heute ist der Tag, dies zu ändern und MUT ist der Schlüssel dazu. Egal, ob es darum geht, dich in kurze Hosen zu trauen, dir einen bestimmten Job zuzutrauen oder um den Wunsch nach einer Beziehung, die bisher nicht vorstellbar für dich war.

Nun geht es darum, uns wirklich zu trauen, diese Veränderung zu leben und uns damit zu zeigen. Und an dieser Stelle möchte ich noch einen weiteren Punkt sehr klar und offen ansprechen. Auch wenn ich mich gut und in Ordnung mit meinem Gewicht fühle und mich deshalb auf jede Bühne stelle, heißt das noch lange nicht, dass andere Menschen das feiern und mich für diesen MUT belohnen. Dass ich mich in Ordnung finde mit meiner Fülle, macht den Sitz im Flugzeug, in den ich mich quetschen muss, nicht breiter. Und es macht auch meinen Sitznachbarn, dem ich vielleicht deshalb auf die Pelle rücke, nicht zu einem verständnisvollen und friedlichen Zeitgenossen.

In den Kapiteln über Scham und die Mediennormen habe ich versucht, aufzuklären, warum unsere Welt Normen und Ideale hat, in die eben nicht jeder reinpasst. Warum andere uns angreifen und beschämen und wir das leider nicht verhindern können.

Es gibt zwei Möglichkeiten, sich davor zu schützen. Und jede dieser Möglichkeiten hat einen Preis, den wir zahlen:

Die erste Variante: Auf der Zuschauerbank sitzen bleiben und uns möglichst unauffällig immer in die letzte Reihe stellen, um möglichst unsichtbar zu sein. Diese Variante kostet uns das freie und selbstbestimmte Leben, das wir verdient haben, und damit Freude, Glück und Erfüllung.

Die zweite Variante: Uns raustrauen, und zwar aus vollem Herzen. Genau das machen, was wir uns wünschen. Unsere Träume leben. Großes wagen. Laut lachend durch die Stadt hüpfen und dabei den neuen kurzen Rock tragen. Oder eben mit Anlauf die Arschbombe im Pool. Je nachdem, auf wen du triffst, kostet dich das vielleicht, bewertet zu werden, manchmal mit Blicken, vielleicht auch mit Worten, mal hinter deinem Rücken und auch mal direkt. Es wird nicht allen gefallen, wenn du frei lebst. Und das ist der Preis, den du für diese Variante zahlen wirst.

Für den Moment nehme ich einfach mal an, dass du, nach allem, was du gelesen hast, Variante zwei wählst. Wenn das so ist, lass uns mit dem Training starten.

Sei dir im Klaren darüber, dass es nicht allen gefallen wird, dass du ab jetzt deinen Körper liebst, wertschätzend behandelst und dich auch nicht mehr davon abhalten lässt, dir genau das Leben zu erschaffen, das du haben möchtest. Ich verstehe, dass du dir wünschst, dass die anderen Menschen dich unterstützen und es dir nicht zusätzlich schwer machen und dich damit vielleicht auf die Zuschauerbank zurücktreiben. Gleichwohl können wir leider nicht verhindern, dass wir kritisiert werden und Widerstand erleben.

Ich kenne das nur zu gut und zwar nicht nur aus der Bahn in der Schweiz. Auch sonst weiß und merke ich immer wieder im Alltag, dass Dicksein oft abgestraft und abgewertet wird. Was ich aber auch weiß:

- Ich möchte mich trotzdem nicht abhalten lassen, mein volles Leben zu leben.
- Es ist meine Verantwortung mich zu lieben, nicht die der anderen Menschen.
- Der beste Schutz vor Abwertung und Diskriminierung von außen sind ein guter, stabiler Selbstwert, Selbstakzeptanz und Selbstliebe. Tut es trotzdem weh, wenn wir abgewertet werden? Ja, klar. Wünsche ich es mir anders? Auch das. Kann ich es gerade ändern? Nein, aber vielleicht ist mein Buch ein kleiner Betrag dazu, dass immer mehr Menschen aufwachen, die Illusion erkennen und lernen, ihren eigenen und andere Körper nicht mehr zu bewerten.

Auch wenn du dir also wünschst, dass die anderen mitziehen: Wichtig ist, dass du losgehst, ohne dass jemand mitmacht. Sonst bleibst du weiterhin gefangen. Und ich kann dir versprechen, es wird auch Menschen geben, die dich feiern! Ich feiere dich und vielleicht findest du noch ein paar anderen Menschen, die dich lieben und dich in deiner vollen Größe sehen wollen. Und die warten auf jeden Fall schon in der Arena des Lebens auf dich.

Damit es wirklich sitzt, sprich doch einfach die nächsten Sätze noch mal laut aus:

- Die anderen müssen mich nicht toll finden, und ich darf mich trotzdem toll finden.
- Die anderen müssen mir nicht applaudieren, wenn ich mich endlich ins Schwimmbad traue, aber ich darf mich dafür feiern.
- Die anderen müssen mein NEIN zur Körperoptimierung nicht verstehen und gut finden, ich darf das NEIN trotzdem aussprechen und das damit verbundene JA! zu mir selbst wertschätzen.
- Die anderen müssen mich nicht lieben, und gleichzeitig darf mich bedingungslos lieben und annehmen, genauso wie ich bin.

Das zu wissen, macht uns frei. Zu verstehen, dass wir uns Anerkennung im Außen wünschen, sie uns aber auch selbst geben können, macht uns frei. Zu erkennen, dass du nicht hier bist, um anderen zu gefallen, sondern um dein Ding zu machen und glücklich zu sein, macht dich frei.

Für diese Freiheit braucht es eine ordentliche Portion MUT. Die darfst du jetzt trainieren. Es wird sich lohnen, das verspreche ich dir. Denn Mut ist der Schlüssel zu mehr Freiheit, Selbstbestimmung und damit für ein volles und buntes Leben. Und das hast du verdient!

> ***Du bist nicht hier, um allen zu gefallen. Dein Körper übrigens auch nicht!***

Dein Mutmuskeltraining für mehr KörperMUT

Ein paar Grundlagen für das Mutmuskeltraining® hast du ja schon kennengelernt. Hier noch mal in der Kurzfassung, was jetzt für dich und dein Training wichtig ist:

- Wenn die Angst am größten ist, mach den kleinstmöglichen Schritt.
- Feiere jeden Schritt, unabhängig vom Ergebnis oder vermeintlichen Erfolg oder Misserfolg. Jeder Schritt bringt dich ein Stück weiter, er ist entweder erfolgreich oder du lernst. Deshalb nochmal: Feiere jeden Schritt.
- Start bevor you're ready. Erlaube dir einfach anzufangen und nicht schon sofort alles zu können oder zu wissen. Du kannst einfach auf dem Weg besser werden.

Alles, was du bist hierhin gemacht hast, zahlt auf deinen Selbstwert ein. Den brauchst du, damit du dich traust, für dich zu gehen und damit du wirklich glaubst, dass du es verdient hast. Du kannst dir also schon mal auf die Schulter klopfen und natürlich auch in Zukunft immer wieder dafür sorgen, dass deine Selbstannahme stärker wird, dein liebevoller Blick auf deinen Körper wachsen darf und damit immer weniger zwischen dir und deiner wahrhaftigen, bedingungslosen Selbstliebe steht.

Was du brauchst, um loszulegen, ist zuallererst eine Liste der Dinge, die du nicht machst, weil es aus deiner Sicht mit deinem Körper nicht geht.

Was sind die Dinge, die du geschoben hast, weil du vorher noch abnehmen musst? Die Dinge, die du dir nicht zutraust, weil du denkst, dass du es nicht verdient hast? Die Dinge, die dein Herz sich schon so lange wünscht, die aber bisher immer in der Spalte „später" oder „geht halt mit diesem Körper leider nicht" gelandet sind?

Wenn du eine körperliche Begrenzung hast, die etwas in der Tat nicht zulässt, dann geht das natürlich auch mit mehr MUT nicht. Das kenne ich gut von meinem Mann, der aufgrund von gesundheitlichen Herausforderungen aktuell nicht arbeiten kann. Er versucht, diese körperliche Begrenzung anzunehmen und nicht damit im Kampf zu sein. Hier hilft wieder das radikale JA! zu dem, was gerade ist. Und dann geht es im nächsten Schritt darum zu schauen, welche anderen Dinge möglich werden, wenn eine Portion MUT dazu kommt.

Ich bin mir sicher, es gibt viele andere Dinge, die du tun kannst, die dein Leben voller und reicher machen.

Zur Anregung habe ich hier ein paar Dinge für dich, die ich immer mal wieder von meinen Klienten zu hören bekomme:

- Ich mache keine Videos, obwohl ich diese dringend für mein Marketing benötige, dafür bin ich nicht attraktiv genug.
- Mit meiner Figur kann ich nicht auf die Bühne.
- Ich traue mich nicht, mich woanders zu bewerben.
- Ich traue mich nicht, eine Frau anzusprechen.
- Ich gehe nicht schwimmen.
- Ich gehe total gerne in die Sauna, aber ich traue mich nicht mehr seit der Geburt meiner Kinder.
- Ich ziehe keine kurzen Hosen an.
- Ich kann den Sommer nicht genießen, weil ich mich einfach nicht wohlfühle in meiner Haut.
- Ich traue mich nicht allein ins Schwimmbad.

Ich weiß nicht, wie deine Liste aussieht. Aber ich bin mir sicher, du hast Dinge auf deiner Liste, die du bis jetzt vielleicht vermieden hast. Manchmal haben die Dinge auf den ersten Blick gar nichts mit unserem Körper zu tun, aber bei genauerer Betrachtung stellen wir auf einmal fest: Es liegt doch an unserem Körper. Wenn der anders wäre, dann wäre ich schöner und damit selbstbewusster und dann würde ich ...

Ich lade dich ein, dir selbst – ganz liebevoll – auf die Schliche zu kommen. Vielleicht hast du schon eine Idee, welchen Themen du bis jetzt aus dem Weg gegangen bist. Dann leg jetzt das Buch aus der Hand und schreibe sie alle auf.

Falls du es gerade noch nicht so genau sagen kannst, lade dir einfach die Anleitung zur Übung runter, sie wird dir helfen, dir auf die Schliche zu kommen.

Wir gehen gemeinsam auf eine kleine Reise. Ich leite dich an, dir einen perfekten Tag in deinem Leben vorzustellen und damit eine Vision von deinem Leben zu entwickeln, genauso so, wie du es gerne haben möchtest. Dann kannst du diese Vision mit deinem jetzigen Status-Quo vergleichen. Welche Schritte müsstest du gehen, damit die Vision möglich wird? So wird relativ schnell klar, welche Dinge zwischen dir und deinem Traumleben stehen.

Du kannst die Übung nur auf deinen Körper bezogen machen oder auch umfassender und auf mehrere Lebensbereiche eingehen. Das schadet zum einen nicht und zum anderen sagte ich ja schon: Unser Körper spielt oft in andere Lebensbereiche hinein, ohne dass wir uns dessen bewusst sind.

Egal welchen Weg du wählst, du wirst eine gute Idee bekommen, an welchen Stellen du deinen KörperMUT trainieren kannst.

Denk bitte immer daran, dass auch kleine Schritte ans Ziel führen und dass es wichtig ist, jeden dieser kleinen Schritte gebührend zu feiern. Damit sie sich gut verankern und dann der nächste Schritt möglich wird.

Wenn du Lust hast, schau doch gerne auf meinem Instagram-Account vorbei. Dort gibt es den Konfetti-Samstag, an dem ich mit meiner Community alle mutigen Schritte, Erfolge und schöne Momente feiere. Damit füttern wir unseren Selbstwert und unseren MUT.

Als Inspiration möchte ich noch meine Trainingsliste für mehr KörperMUT mit dir teilen:

- ♥ Stand-Up-Paddling ausprobieren
- ♥ Wieder fliegen und meine Angst vor zu engen Sitzen überwinden (Juhu! Habe ich zwischen dem Schreiben und der Veröffentlichung des Buches schon erledigt.)
- ♥ Mehr bunte Kleider tragen
- ♥ Zuhause noch mehr nackt rumlaufen
- ♥ Mit meinen Nichten Arschbomben machen, egal ob gerade jemand zuschaut oder nicht.

Und jetzt DU! Schreib dir mindestens drei Dinge auf, die du in der nächsten Zeit ausprobieren wirst.

Credit: © Antonio Galante

Hi, mein Name ist Aleks. Seit über 20 Jahren verkaufe ich Schmuck im Fernsehen und ich liebe es, Menschen zum Strahlen zu bringen. Mit meinem Coaching-Programm STAR SELLING® helfe ich nun auch anderen, erfolgreich LIVE vor der Kamera zu verkaufen.

Kannst du dich noch erinnern, wann und wie du zum ersten Mal wahrgenommen hast, dass Körper unterschiedlich sind und Körper bewertet werden? Welche Bewertung gab es für deinen Körper?

Bei mir muss das wohl im Freibad oder im Sportunterricht gewesen sein. Ich glaube, „Du Fettsack!" bekommen wir alle einmal während unserer Schulzeit zu hören – ob es nun stimmt oder nicht. Und das ist spätestens der Punkt, an dem wir an uns herunterschauen und ins Grübeln kommen. Wir schauen links, wir schauen rechts und vergleichen uns mit den anderen. So fängt das ganze Übel an. Schließlich findest du immer jemanden, der schöner und schlanker ist als du!

Dabei ist das Vergleichen die schnellste Art, dein Glück zu zerstören!
In Wahrheit sind es nämlich gar nicht die Bewertungen der anderen, sondern es ist unser eigenes Selbstbild, das uns fix und fertig macht. Das habe ich erst spät, in meinem Berufsleben, begriffen. Bevor ich ins Fernsehen kam, arbeitete ich einige Jahre in der Modebranche und habe genau das dort gelernt: Selbst makellose Top-Models haben etwas an sich auszusetzen und glauben, sie wären übergewichtig oder „zu fett", obwohl das nur sie und niemand außer ihnen sehen kann! Hätte ich das früher gewusst, wäre ich mit meinen kleinen „Pölsterchen" von Anfang an ein bisschen zufriedener gewesen.

Was hat dich in deinem Leben besonderen KörperMUT gekostet?

Das ist eine interessante Frage. Als Fernsehmann müsste man meinen, dass mich mein erster TV-Auftritt den allergrößten Mut gekostet hätte. Dem ist aber gar nicht so. Verrückterweise war die aufregendste Situation meines Lebens, als ich auf der Hochzeit meines besten Freundes in der Kirche nach vorne trat und vor der versammelten Hochzeitsgesellschaft aus dem Buch *Der Kleine Prinz* vorgelesen habe. Ich weiß, das klingt unglaublich und Leute, denen ich diese Geschichte erzähle, sagen: „Wie kann das sein, dass du vor hundert Leuten in der Kirche aufgeregter bist als vor tausenden Menschen im Fernsehen?“ Dabei ist es doch so: Im Fernsehen bin ich mit der Kamera allein und kann die Reaktion der Zuschauer nicht sehen. In der Kirche aber – vor allen Menschen, die mir wichtig sind – kann man unmittelbar live sehen, hören und spüren, wie der Vortrag wirklich ankommt.

Was war dabei deine größte Angst?

LIVE-Auftritte gehen immer mit der Befürchtung einher, dass etwas schieflaufen könnte, sodass man sich „vor versammelter Mannschaft“ blamiert. Was aber in Wahrheit dahintersteckt, ist die wahrscheinlich größte Angst des Menschen: nämlich die Angst davor, nicht geliebt und akzeptiert zu sein, so wie wir sind, mit all unseren Fehlern. Es ist diese Angst, die uns am meisten blockiert. Das Geheimnis ist, dass niemand außer dir es lösen kann. Erst wenn du dich selbst so annimmst wie du bist, kehrt wahrhaft Frieden ein!

Wie hast du den MUT gefunden, es trotzdem zu tun?

Auf einer Hochzeit ist das ganz einfach: Wenn du Hunger hast, musst du deinen Programmteil erfüllen, sonst zieht sich das Programm nach hinten raus! Spaß beiseite. Das Geheimnis hinter dem Mut ist immer, ihn ein kleines Stückchen größer sein zu lassen als die Angst. Das ist wie mit dem Licht und der Dunkelheit. Ein Sack voll Dunkelheit kann niemals einen hellen Raum verdunkeln, aber das kleinste Licht genügt und ein dunkler Raum wird taghell erleuchtet.

Würdest du sagen, du hast Frieden mit deinem Körper geschlossen?

Sagen wir so: Mit dem Alter kommen neben dem Gewicht noch weitere Themen, wie z. B. die Falten, hinzu und das ist im Hinblick auf meinen Beruf im Fernsehen eine konstante Herausforderung.

Was siehst du, wenn du heute in den Spiegel schaust?

Eine schöne, unvergängliche Seele in einem vergänglichen Körper.

Was möchtest du Menschen zurufen, die ihren Körper ablehnen und abwerten?

Mach nicht denselben Fehler wie ich: Seinen Körper ständig abzulehnen oder zu bewerten, gleicht einem Samen, der ständig über die Nussschale schimpft, die ihn umgibt! Statt deine Schale als zu hart, zu runzelig, zu dick, zu dünn oder nicht schön genug zu beschimpfen, erinnere dich daran, WER DU IN WIRKLICHKEIT BIST. Erst dann geschieht deine wahre Verwandlung.

In dir, dem Samen, steckt das volle Potenzial, ein riesengroßer, wunderschöner Baum zu sein. Folge also deiner Bestimmung und entwickle das: eine große strahlende, friedvolle, liebende Seele zu sein, die sich durch deinen Körper in der Welt ausdrückt. Wenn du so lebst, hast du dein Potenzial und deine Bestimmung gefunden und die Erde wird durch dich zu einem schöneren, liebevolleren Ort.

Mehr zu Aleksander Sternen erfahren? ↗ https://www.sternen.com

Prinzip 7 – Radikale Selbstliebe

In diesem siebten und letzten Prinzip des KörperMUTs kommt alles zusammen und daraus ergibt sich eine größere Ordnung, die über dich und mich hinausgeht. Denn ich sehe die gelebte radikale Selbstliebe nicht nur als persönlichen Gewinn, ich erkenne darin auch Auswirkungen auf das Kollektiv.

Im Grunde genommen habe ich die Vorstellung von einer großartigen und vielfältigen Gesellschaft. Meine Idee ist, dass wir, wenn wir wirklich mit uns und unserem Körper in Frieden leben und uns so akzeptieren wie wir sind, generell aufhören Körper zu bewerten. Weil wir dann nicht mehr aus dem Schmerz und der eigenen Abwertung heraus agieren, sondern aus der Liebe zu uns selbst. Und dann haben Bewertung, Abwertung und Beschämung ihre Kraft verloren.

Denn wir verletzen Menschen, weil wir selbst verletzt wurden. Ich weiß, dass Arroganz oft versucht, Unsicherheit zu verstecken. Ich erlebe, dass wir lieber etwas über den anderen sagen, um nicht selbst zum Thema werden. Ich erkenne darin, wie ich andere bewerte, meine eigenen Anteile, die Brille, mit der ich in die Welt schauen, aber auch auf mich selbst.

Radikale Selbstliebe ist in der Lage, all das aufzulösen. Denn sie ist eine Liebe ohne Bedingungen oder Erwartungen. Sie liebt. Mit

Haut und Haaren. Alles, ohne Ausnahme. Ich weiß nicht, ob du eine solche Liebe schon mal gespürt hast, für jemanden oder von jemanden für dich. Oder vielleicht sogar schon mal für dich selbst?

Wenn du selbst Mutter oder Vater bist, dann kennst du bedingungslose Liebe. In dem Moment, in dem unsere Kinder geboren werden, erleben wir diese Liebe. Da ist keine Bedingung. Da ist keine Wenn-dann-Verknüpfung. Da ist nur Dankbarkeit, Liebe über das Wunder des Lebens: Ein kleiner Körper, in dem eine Seele sich gerade auf den Weg macht, das Abenteuer Leben zu erleben. Dieser kleine Körper wird als perfekt, wunderbar und großartig wahrgenommen.

So ist auch radikale Selbstliebe. Sie bezieht alles mit ein, nicht nur den Körper. Auch den Geist, die Seele, Talente und Gaben, Erfolge und Erfahrungen, aber auch Wunden, Verletzungen, Scheitern. Diese Liebe ist trotzdem oder vielleicht gerade deswegen da. Weil all das uns ausmacht. Weil all das in unser Leben gehört. Weil wir immer Liebe verdient haben, ohne dass wir dafür etwas tun müssen. Ohne dass wir dafür unsere Hülle ändern, formen oder optimieren müssen.

Um dort hinzukommen, müssen wir all die erlernten Konzepte, die Idee eines allgemein gültigen Schönheitsideals oder die Vorstellung, dass die Beschaffenheit, Form, Größe und Funktionalität unseres Körpers unseren Wert als Mensch bestimmt, loslassen.

Wir dürfen uns daran erinnern, dass wir perfekt auf diese Welt gekommen sind. Jeder Mensch in seiner einzigartigen Form. Mit allem ausgestattet, was wir für dieses Leben brauchen. Aber eben jeder mit anderen Herausforderungen, Gaben und Talenten und einem anderen Schicksal.

Wir dürfen lernen, das zu bejahen und uns eben nicht zu vergleichen.

Wir dürfen verstehen, dass genau diese radikale Annahme das vermeintliche Problem mit unserem Körper löst.

Für mich ist es ein bisschen wie beim Meditieren, wenn ich versuche, meinen Geist zu fokussieren. Wenn ich dann mit meinen Gedanken abschweife, ist es eine Frage der Haltung, ob ich danach denke, ich habe wunderbar meditiert, weil ich immer wieder bemerkt habe, dass meine Gedanken mit mir spazieren gegangen sind und ich so zum Fokus zurückkehren konnte oder ob ich danach sage: „Also meditieren war heute nix."

Wer schon länger Achtsamkeit praktiziert, weiß, dass es vor allen Dingen um das Wahrnehmen und Beobachten der Gedanken und Emotionen geht, ohne ihnen anzuhaften oder sich von ihnen mitreißen zu lassen und eben nicht darum, jegliche Gedanken abzustellen – was ja sowieso nicht wirklich möglich ist.

Bei der radikalen Selbstliebe geht es eben nicht darum, nie mehr unzufrieden mit etwas zu sein, keine Ziele oder Wünsche mehr zu haben oder sich nie mehr zu schminken oder schön zu machen. Es geht darum, die Liebe zu sich selbst nicht mehr von irgendetwas abhängig zu machen. Sie ist einfach da. Unabhängig von Erfolg, Schönheit oder Leistung.

Radikale Selbstliebe ist die Liebe, die bleibt, auch wenn das Leben dir gerade den Boden unter den Füßen wegzieht. Wenn du herausgefordert wirst von Krankheit, Trennung oder Misserfolg. Wahrhaftige Selbstliebe ist die Liebe, die bleibt, wenn du keinen Erfolg hast, wenn du alt oder krank wirst, wenn dich jemand verlässt oder du nicht die Leistung erbringen kannst, die du oder andere von dir erwarten. Uns selbst zu lieben, wenn wir gerade auf der Sonnenseite des Lebens stehen, schön, jung, gesund und erfolgreich sind, das können wahrscheinlich viele Menschen. Uns selbst lieben, wenn das alles wegfällt und wir gerade am Boden sind, das ist radikale Selbstliebe. Dazu gehört die Entscheidung, es immer wieder zu versuchen, egal wie oft wir „rausfallen". Und einfach, wie bei der Achtsamkeitspraxis, zu beobachten, dass wir gerade rausgefallen sind, ohne es zu bewerten, und damit wieder zum Fokus zurückzufinden.

Bezogen auf den KörperMUT bedeutet das, immer wieder zu bemerken, dass wir aufgrund von Werbung, Medien oder dem Vergleich mit anderen mal wieder kurz in den alten Denk- und Sehgewohnheit gelandet sind. Zu erkennen, dass wir einen kleinen Moment wieder daran geglaubt haben, dass dies doch die einzige Wahrheit ist. Aber weil wir es bewusst bemerken, finden wir dann wieder den Weg zurück zu uns, zur radikalen Selbstliebe und Annahme und damit zu uns.

Wie beim Meditieren werden wir irgendwann immer schneller und geübter darin, das zu bemerken, ohne es zu bewerten, und das macht den Weg zurück viel einfacher.

Ich habe einen super Trainingspartner, um immer wieder zu erkennen, wann ich rausgefallen bin. Mein Mann hat eine feine Beobachtungsgabe bei solchen Dingen. Und so hat er mich schon oft „erwischt“ und darauf aufmerksam gemacht, wenn ich, zurück auf Autopilot, eine Bewertung über einen anderen Körper rausgehauen habe. Oft passiert mir das, wenn wir Fernsehen oder eine Serie schauen. Ganz unbewusst verfalle ich dann in alte Muster und zack, hab ich es auch schon laut ausgesprochen. Wenn mir das früher passiert ist, war es mir ganz schön peinlich, dass mein Mann das gehört und mir gespiegelt hat. Ich habe doch so viel daran gearbeitet und mein Bewusstsein geschult, das kann doch jetzt gar nicht sein, dachte ich. Dann kamen erst mal die Scham, die Rechtfertigung und die Abwehr zu Besuch. Wenn es ganz schlecht lief, bin ich darin hängengeblieben und habe einen Haufen Energie verbraucht. Der Weg zurück zum Fokus war dann dadurch erst mal versperrt und es hat wieder eine Zeit gedauert, bis ich dahin zurückgefunden habe.

Wenn mir das heute passiert, dass mein Mann mir den Spiegel vorhält, kann ich oft ganz schnell umschalten. Stimmt, ich habe gerade eine alte Bewertung abgerufen. Danke für den Hinweis. Meist führe ich dann einen positiven Selbstdialog, verzeihe mir den Ausflug in die Vergangenheit und nehme genau diese Situation in meine Dankbarkeitspraxis auf. Denn jedes Mal, wenn mir eine alte, unbewusste Bewertung bewusst wird, habe ich die Chance, sie zu verändern. Wenn das kein Grund zum Feiern und zum Dankbarsein ist, dann weiß ich es auch nicht.

Noch ein letztes Experiment

Natürlich möchte ich noch ein kleines letztes Experiment mit dir machen. Vielleicht erinnerst du dich: Am Anfang des Buches habe ich dich gebeten, dir für einen Moment vorzustellen, deinen Körper einfach so anzunehmen, wie er nun mal gerade ist. Weißt du noch, wie deine Antwort darauf ausgefallen ist? Ging es gut oder eher gar nicht? Hattest du ein großes JA, ABER im Kopf oder konntest du dich für einen Moment darauf einlassen?

Ich finde, jetzt ist der Zeitpunkt gekommen, dieses kleine Experiment noch mal zu wiederholen. Also: Schließe gerne deine Augen, wenn du magst, und fühl dich mal kurz in deinen Körper ein. Manchmal hilft es auch, eine kleine gedankliche Reise durch den Körper zu machen, um so mit allen Körperteilen mal kurz in Kontakt zu kommen. Fang bei den Füßen an, über deine Waden und Knie und reise dann zu den Oberschenkeln, weiter über dein Gesäß hin zum Rumpf, zu deinem Oberkörper und dann zu deinen Schultern, Armen und Händen, weiter zu deinem Hals und deinem Kopf bis hin zu deinen Haarwurzeln, deinen Ohren und deiner Nasenspitze. Und wenn du dann gut im Kontakt mit dir bist, dann spüre noch mal dieser Frage nach: Auf einer Skala von 1 bis 10 – dabei steht 10 für die radikale Annahme und Selbstliebe für dich und deinen Körper –, wo stehst du gerade?

Notiere dir gerne deinen Wert. Dann kannst du ihn immer mal wieder überprüfen. Wenn er hoch ist, dann feiere diesen Wert, du weißt ja, Begeisterung ist der Dünger für unser Gehirn. Sollte der Wert sehr niedrig sein, dann hast du mit diesem Buch eine Menge an Übungen und Handwerkszeug, um noch mal ein bisschen zu trainieren und schon bald auf der Skala ein Stück nach oben zu klettern.

Radikale Selbstliebe ist Ziel und Reise zugleich. Die Reise heißt Leben und kann voll, bunt, herzlich, großartig und zauberhaft sein. Deshalb vergiss bitte nie, sie zu genießen. Behalt das Ziel im Auge, aber beiß dich nicht fest. Werte dich nicht ab, wenn du mal falsch abbiegst. Du kannst jederzeit wieder entscheiden, auf den Weg zurückzukommen. Ich bin der festen Überzeugung, dass wir alle ein großartiges Leben verdient haben. Wenn wir uns lieben und unseren Körper als wahrhaftiges Wunder wahrnehmen, hilft uns das ungemein dabei, genau dieses großartige Leben für uns zu erschaffen. Dass MUT und eben auch der KörperMUT uns dabei helfen, uns von der Angst nicht kleinkriegen oder ablenken zu lassen, auch davon bin ich überzeugt.

Du hast jetzt alles, um diese Reise so zu gestalten, so wie sie für dich passt. Du musst nur noch losgehen. Und dafür wünsche ich dir ein mutiges und freudiges Herz.

Credit: privat

Ich heiße Balian Buschbaum, bin leidenschaftlicher Autor, Speaker und systemischer Coach. Ich arbeite überwiegend in Groß- und mittelständischen Unternehmen mit den Schwerpunkten Diversity, Change-Management und neuem Bewusst|Sein und helfe Menschen auf ihren unterschiedlichen Wegen zur beruflichen und persönlichen Erfüllung.

Kannst du dich noch erinnern, wann und wie du zum ersten Mal wahrgenommen hast, dass Körper unterschiedlich sind und Körper bewertet werden? Welche Bewertung gab es für deinen Körper?

Ich falle gleich mit der Türe ins Haus, denn an diese Situation kann ich mich genau erinnern. Ich war ca. fünf Jahre alt und sah, wie einer meiner Fußballkumpels nach dem Spielen an den Busch pinkelte. Da wusste ich, dass ich das auch eines Tages können würde. Kurz gesagt: Mir fehlte mein Penis von klein auf und bis wir beide den Weg zueinander fanden, musste ich viele Hürden meistern. Ich steckte 27 Jahre in der größten Diskrepanz fest, in der ein Mensch stecken kann. Ich wurde mit männlicher Identität, aber mit weiblichen Geschlechtsmerkmalen geboren.

Wenn Teile deines Körpers nicht zu dir passen, kannst du nicht einfach den Reißverschluss öffnen und aus diesem Körper aussteigen. Ich musste viele Jahre für das kämpfen, was andere Menschen in die Wiege gelegt bekommen – mein wahres Geschlecht. Schon sehr früh realisierte ich, dass ich feststeckte und erbaute mir eine Welt, in der ich mich mit meinem Selbstbild und der Außenwirkung zurechtfinden musste. Wurde ich z. B. als Kind oder Teenager beim Brötchenkaufen als männlich gelesen, fand ich das gut, denn das war ICH. Wenn dann irgendwelche Menschen sagten: „Das ist doch ein Mädchen!", weil sie eine weibliche Stimme hörten, wäre ich am liebsten im Boden versunken und aus dieser Scham nie wieder aufgetaucht.

Was hat dich in deinem Leben besonderen KörperMUT gekostet?

Ich bin als ehemaliger Spitzensportler mit dem Bewusstsein für ästhetische Körper aufgewachsen und habe mich jeden Tag um meinen Körper gekümmert. Dabei spielten extrem viel Sport, Ernährung und das richtige Mindset eine große Rolle. Es gab aus meiner Sicht zwei prägnante Situationen, in denen ich Körpermut aufbringen musste. Die erste: Ich war in der 7. Klasse und ein Junge wurde von ein paar älteren immer gehänselt und als „dicke Nudel", „Stink-Wal" und „fettige Frikadelle" beschimpft. Als ich eines Tages dem Anführer der Mobbing-Gang sagte, dass er aufhören sollte, ging er auf mich los und ich heimste ein blaues Auge ein. Diese zweite Situation war mein persönlicher Befreiungsschlag, der innere und äußere Weg zu meiner wahren Identität. Ich wusste, er würde mir entweder das Genick brechen oder mich in die wahrhaftige Befreiung bringen.

Was war dabei deine größte Angst?

Meine größte Angst war, zu sterben und die Operation, die mir das wahre Leben schenken sollte, nicht zu überleben.

Wie hast du den MUT gefunden, es trotzdem zu tun?

Es gab für mich keine andere Option! Ich lebte, aber innerlich war ich schon tot. Ich hatte in meinem vergangenen Leben ALLES! Eine mich liebende Familie, Freunde, tolle Frauen an meiner Seite, Ansehen, Erfolg und Geld. Aber ich war nicht glücklich! Ich kompensierte das erste Drittel meines Lebens und versuchte, das innere schwarze Loch mit Materialismus, Ego und Ablenkungen zu füllen. Bis ich irgendwann stehenblieb und in mich hineinhörte, mit mir arbeitete. Ich realisierte, dass ich alles, mein bisheriges Leben, meinen Job loslassen musste, um ganz bei mir anzukommen. Das machte mir Angst, aber tief in mir trug ich auch die Gewissheit, dass dies der richtige Weg ist.

Würdest du sagen, du hast Frieden mit deinem Körper geschlossen?

Ich habe alles erlebt, wovon ein Sportler träumt. Deutsche Meistertitel, Europameisterschaftsmedaillen, die Teilnahme an Weltmeisterschaften und den Olympischen Spielen in Sydney. Mein Körper und Geist brachten mich dorthin, weil ich so lange sehr wütend darüber war, nicht „normal" geboren worden zu sein. Der Sport war mein Ventil, meine Kompensation und ich war innerlich in einem großen und zerstörerischen Kampf mit mir selbst. Heute kann ich mit Gewissheit und voller Zufriedenheit behaupten, dass ich in mir ruhe. Mein Innen hat sich mit meinem Äußeren vereint. Heute gehen sie Hand in Hand und feiern jeden Tag Olympia. Das wünsche ich jedem Menschen.

Was siehst du, wenn du heute in den Spiegel schaust?

Immer noch dieselben blauen Augen, mit denen ich geboren wurde. Mein Körper hingegen hat sich zu dem Bild verändert, das ich schon immer innerlich in mir trug. Dafür bin ich sehr demütig und dankbar.

Was möchtest du Menschen zurufen, die ihren Körper ablehnen und abwerten?

Du wirst geliebt! Folge deiner inneren Stimme. Lebe dein Leben. Gehe einen Schritt nach dem anderen. Du wirst deine Ziele erreichen, egal wie lange es auch dauern wird. Es ist immer jemand da, der hilft. Lache, lebe, staune auch über die kleinen Dinge und freue dich über Zwischenetappen, und das Wichtigste: LIEBE. Lass die Liebe zu! Gib Liebe und nimm sie an und sei dir gewiss: Sie ist immer da!

P.S.: Die wahre Liebe beginnt in dir!

Mehr zu Balian Buschbaum erfahren? ↗ https://www.balian-buschbaum.de

Jetzt dranbleiben!

Drei Zauberfragen für dich!

So, jetzt hast du alles, was du brauchst. Wenn es dir so geht wie mir und du schon einige Zeit mit dem Thema verbracht hast, wenn die Abwertung, der Schmerz und die Scham über deine Hülle schon lange deine Wegbegleiter sind, dann wird dies kein kurzer Spaziergang.

Dann wirst du wahrscheinlich ordentlich Strecke machen, dich auch mal verlaufen und für den einen oder anderen Moment vielleicht wieder den alten Wahrheiten glauben. Du wirst manchmal zweifeln und dich fragen, ob es für dich vielleicht einfach nicht möglich ist, wirklich Frieden zu schließen. Wenn das so ist, dann sei in solchen Momenten besonders liebevoll mit dir. Erlaube dir eine extra Runde. Veränderung verläuft nicht linear, sondern manchmal in Schleifen und Kreisen. Aber sei dir immer sicher, du bist auf einem guten Weg. Du bist auf dem Weg der Heilung.

Und wenn du das nächste Mal denkst, dass du es nicht schaffen kannst und die Stimme in dir sagt: „Ich kann mich mit diesen Beinen nicht lieben!“, dann stell dir die folgenden Fragen:

- Ist es wirklich die Wahrheit? Will ich das glauben?
- Stimmt es immer, also jeden Tag, jede Stunde, jede Minute und Sekunde meines Lebens?
- Gilt das für alle Menschen, die keine perfekten Beine haben?

Mit diesen Fragen kannst du deinen Gedanken und deinen Glaubenssätzen auf den Grund gehen. Denn solche Aussagen werden oft von unserem Autopiloten gesendet und haben viel mit unserer Konditionierung zu tun, also mit all dem, was uns geprägt hat, aber eben nicht die Wahrheit ist.

Mit den Antworten auf diese drei Fragen wird meist schnell klar: Nein, es ist nicht die ultimative Wahrheit und ich möchte das nicht mehr glauben! Nein, es stimmt nicht immer, es gibt Minuten (und später Tage, Wochen, Monate ...) in denen ich mich lieben kann. Und nein, ich kenne Menschen, die sich gut finden und lieben, trotz unperfekter Beine.

Dann wirst du wieder zurückfinden auf deinen Weg, dich selbst und deinen Körper vollkommen zu lieben, ohne Bedingung. Es braucht vielleicht noch ein bisschen Training und Zeit, aber es ist möglich.

Du bist schon so weit gekommen, lass dich nicht entmutigen und mache einfach den nächsten Schritt.

Noch ein paar Gedanken zum Schluss

Wie sagt man immer so schön? „If you don't use it, you lose it!" Wenn du es nicht benutzt, dann verlierst du es wieder. Das gilt für unsere Muskeln genauso wie für eine Sprache, die wir gelernt haben, und für viele andere Dinge im Leben auch.

Je öfter wir trainieren und das neue Wissen auch anwenden, umso leichter verfestigen sich unsere neuen Denkgewohnheiten und der neue Blick auf uns. Es entstehen neue neuronale Verbindungen im Gehirn und irgendwann wird es dann zur Gewohnheit, dass wir uns gerne anschauen, uns lieben und das Leben in unserem Körper in vollen Zügen genießen.

Manchmal trainieren wir aber auch, wollen uns verändern und es gelingt irgendwie nicht so richtig. Wir Menschen brauchen mehrere Impulse, bis wir uns verändern wollen und können. Eine Kollegin sagte mal, es sind 50. Wie viele genau, ist wahrscheinlich abhängig vom Thema und von Mensch zu Mensch verschieden. Es kann sein, dass du schon mit ganz vielen Impulsen in das Buch eingestiegen bist und zack, meine Worte sind der ausschlaggebende Impuls und plötzlich fällt es dir wie Schuppen von den

Augen. Du verstehst jetzt, dass deine Abwertung, deine Gedanken und Sehgewohnheiten das Problem waren und NIE dein Körper. Dann freue ich mich mit dir und ich feiere dich und deinen Prozess. Wenn du aber gerade erst anfängst, dich mit dem Thema auseinanderzusetzen, dann braucht es vielleicht ein bisschen mehr Training und freundliche Disziplin, um neue Gedanken, andere Sehgewohnheiten und eine neue liebevolle Begegnung mit deinem Körper zu etablieren. Deshalb hast du die vielen Übungen, Experimente und Anregungen von mir bekommen. Weil ich weiß, dass unsere Gewohnheiten und Muster hartnäckig sind, weil eben unser Gehirn so funktioniert. Für viele Menschen ist es deshalb eine Herausforderung, sich nachhaltig zu verändern und eben nicht bei nächster Gelegenheit wieder in die alten Muster zu verfallen.

Falls du jetzt gerade das Buch frustriert in die Ecke werfen möchtest: Bitte lies noch einen Moment weiter, bevor du auf Amazon eine schlechte Buchbewertung raushaust.

Vielleicht denkst du gerade: Tanja, weißt du eigentlich, wie lange ich an diesem Thema dran bin? Das ist mein 999. Impuls und ich fühle mich immer noch nicht wohler in meiner Haut. Ich widerspreche dir ungern und ich muss es trotzdem tun. Weil ich mitreden kann und genau weiß, wie es dir geht. Weil ich selbst mehr als 30 Jahre Diät-Frust und Körperabwertung hinter mir habe. Nein, du hast dich nicht schon 999-mal mit diesem Thema beschäftigt. Du hast dich mit Abnehmen oder Optimierung beschäftigt. Du hast Diät-Bücher gewälzt, Diäten gemacht, das neue Fitness-Studio besucht und dein Kopf hat sich darum gedreht, wie viel besser dein Leben sein wird, wenn du endlich die gewünschte Form hast. Stimmt's?

Mit Selbstliebe und der Annahme dessen, was ist, hast du dich vermutlich noch nicht so viel beschäftigt. Weil in deinem Kopf diese Schranke existiert, die besagt, dass Annahme und Selbstliebe erst möglich sind, wenn du endlich abgenommen hast. Ich verstehe dich nur zu gut, denn bis vor nicht allzu langer Zeit hätte ich genau das auch gesagt. Deswegen bitte ich dich, gib den Übungen und Impulsen aus diesem Buch die Chance, die Schranke in deinem Kopf zu brechen.

Wenn nötig, lies das Buch einfach nochmal. Lege es dir irgendwo hin, wo du immer wieder damit in Kontakt kommst. Drucke dir das Manifest und die Affirmationen aus, damit du auch damit täglich in Kontakt kommst.

Sei dir bewusst: Es ist nur die Schranke, die dich davon abhält, nicht dein Gewicht, die Form oder Funktion deines Körpers.

Neben dem aktiven Training kannst du dir noch etwas zunutze machen, damit der neue Weg sich leichter geht: die Gesetze von Resonanz und Anziehung. Du weißt ja: Wo deine Aufmerksamkeit hingeht, dort geht deine Energie hin, und das, was Energie bekommt, vermehrt sich. Wenn deine Aufmerksamkeit die ganze Zeit bei deinen vermeintlichen körperlichen Makeln liegt, dann wirst du immer mehr davon sehen und ja, auch andere Menschen werden diese wahrscheinlich bemerken und vielleicht darauf reagieren.

Das ist nämlich so, als würdest du mit einer Leuchtreklame auf deiner Stirn rumrennen, die die ganze Zeit blinkt. Bei mir hätte dort viele Jahre gestanden: „Bitte entschuldigen Sie, ich bin dick!" Viele Menschen nehmen solche Dinge über sogenannte Spiegelneuronen, unsere Körpersprache und unsere Energie wahr. Genauso wie an guten Tagen, an denen wir mit einem breiten Grinsen durch die Stadt rennen und auf einmal wildfremde Menschen zurücklächeln, wir Türen aufgehalten bekommen und den besten Platz in einer vollen U-Bahn.

Das Gesetz der Anziehung besagt, wir bekommen noch mehr von dem, was wir sowieso schon haben und womit wir uns beschäftigen. Das hört sich erst mal easy an: Um im Frieden mit uns zu sein und uns selbst lieben zu können, müssen wir unsere Energie auf die Themen Frieden und Liebe ausrichten.

Was wir aber meistens machen, ist, unseren Fokus auf unsere Makel zu legen, die Lupe auf das zu halten, was wir nicht schön finden und was uns Schmerz bereitet. Wir schauen auf das, was wir weghaben wollen. Und genau damit mehren wir den Schmerz, den Frust und das, was wir nicht mehr wollen: den Kampf gegen den eigenen Körper.

Wenn du das Gesetz der Anziehung auf deiner Seite haben möchtest, dann richte deinen Fokus mehrmals am Tag auf die Liebe aus, nutze deine Dankbarkeitspraxis dafür und erinnere ich dich immer mal wieder daran, deine Energie auf das zu lenken, was du mehren möchtest und nicht auf das, was du weg und anders haben willst. Ich bin mir sicher, dann klappt es irgendwann und du kannst die Schranke in deinem Kopf überwinden. Oder, wie Alexa Fraser es besingt: „MUT ist, wenn die Schranke im Kopf zerbricht.“

Damit du alles hast, was du brauchst, kommt hier nochmal die Best-Off-Liste der Übungen aus diesem Buch:

- ♥ JA! die radikalste Absicht – nimm alles an, was ist, ohne ABER .... Seite 105
- ♥ Leg‘ den Spiegel weg und spüre deinen Körper mal wieder – ungeliebte Körperteile mit Liebe und Wertschätzung integrieren .... Seite 114
- ♥ Gedankenhygiene – STOPP zu abwertenden Gedanken durch positiven Selbstdialog oder Affirmationen .... Seite 123
- ♥ Neue Sehgewohnheiten etablieren .... Seite 122
- ♥ Dankbarkeitspraxis kultivieren .... Seite 134
- ♥ Ein Liebesbrief an deinen Körper .... Seite 141
- ♥ Spiegelritual (Die Beichte – die Entscheidung für Frieden – Liebeserklärung an deinen Körper) ..... Seite 145
- ♥ Das Mutmuskeltraining® für mehr KörperMUT .... Seite 155

Hier kommt noch meine Bonusidee für dich:

Ich habe mal vor ein paar Jahren ein Akt-Fotoshooting gemacht, denn ich wollte mich mal von außen sehen. Mit den Augen eines anderen Menschen, der eben nicht meine Bewertungen und Ideen von meinem Körper im Kopf hat.

Das Shooting hat mich einige Überwindung gekostet, sich aber wirklich gelohnt. Als ich die Bilder bekommen habe – und das geht mir auch heute bei Business-Fotoshootings noch so –, habe ich mir beim ersten Durchschauen der Bilder gar nicht gefallen. Erst wenn ich ein zweites Mal schaue, entdecke ich auf einmal Bilder, die mir gefallen. Und am Ende weiß ich gar nicht, wie ich eine Auswahl treffen soll, weil ich auf einmal alle Bilder von mir grandios finde.

Ich weiß noch, dass die Fotografin damals sehr überrascht über meine Bilder-Bestellung war. Sie berichtete mir, dass normalerweise die meisten Frauen so kritisch mit ihren Aktbildern sind, dass es nur ein oder zwei Bilder in die engere Auswahl schaffen.

Ich habe damals mehr als 20 Bilder bestellt und daraus ein Fotoalbum gemacht. Das schaue ich auch heute noch gerne an und erinnere mich daran, wieviel MUT mich dieses Shooting gekostet hat und wie stolz ich danach war.

Bei einem der Bilder gab es sogar einen magischen Moment für mich, in dem alle Abwertung, alle Scham und jede Idee, warum mein Körper nicht richtig ist, einfach von mir abgefallen sind. Ich fand mich und diesem Moment einfach nur schön. Immer wenn ich dieses Bild sehe, erinnere ich mich daran und kann in diesen Moment eintauchen.

Ich dachte, ich trainiere direkt nochmal meinen KörperMUT-Muskel und teile mein Bild und diesen Moment mit dir. (Credit: © Brigitta Leber)

So einen magischen Moment, in dem du erkennst, dass an dir nie etwas falsch war und du dich einfach nur lieben und genießen darfst, den wünsche ich auch dir aus ganzem Herzen. Bewahre ihn in deinem Herzen und lass aus ihm weitere Momente erwachsen, in denen du im Frieden mit deinem Körper bist.

Ich danke dir

Ich danke dir, dass du dich mit mir gemeinsam auf diese Reise gemacht hast. Ich bin fest überzeugt, dass es kaum etwas gibt, das sich mehr lohnt, als etwas für die eigene Entwicklung und das innere Wachstum zu tun. In die eigene Heilung zu investieren. Zu sich selbst *JA!* zu sagen, und zwar aus vollem Herzen. Das Schönste für mich ist, täglich den MUT zu haben, mich ganz wahrhaftig zu leben. Meine Wahrheit auszusprechen. Meinen Körper zu lieben und ihn so zu behandeln, wie er es verdient hat, mit großer Wertschätzung.

Dieser Weg ist nicht immer einfach, aber er lohnt sich. Am Ende macht er uns frei. Frei von dem, wer wir sein sollten. Frei, die oder der zu sein, die oder der wir sein möchten.

Ich danke dir, dass du meinen Gedanken und Worten bis hierhin gefolgt bist. Ich danke dir, dass du meinen Übungen die Chance gibst, dein Leben zu verändern. Ich danke dir für deinen MUT und deine Liebe. Ich danke dir für deine Offenheit und dein Vertrauen.

Wir alle haben ein großartiges Leben verdient, und dein Körper hat deine Wertschätzung und deine Liebe verdient.

Denk immer daran: Mit deinen Gaben und Talenten, mit deiner Kraft und deiner Freude kannst du die Welt verändern – und dafür brauchst du keinen perfekten Hintern.

Von Herzen

Deine Tanja

#körperMUT